Je tiens à remercier particulièrement :

Anne de Carné pour l'assiette et le plat de la page 16,
les assiettes des pages 18 et 21, les plats des pages 70, 71 et 107 ;
Hélène d'Andigné pour la lampe de la page 18 ;
Solange d'Andigné pour l'assiette aux deux oiseaux de la page 97.

Direction éditoriale : Christophe Savouré
Direction artistique : Danielle Capellazzi
Édition externe : Catherine Talamoni
Édition : Guillaume Pô
Fabrication : Catherine Maestrati
Photographies : Philippe Magnon
Illustrations : Nathalie Weinzaepflen
Conception graphique et réalisation : Esperluette

Dépôt légal : octobre 1999
Photogravure : IGS-Charente Photogravure
Imprimé en Espagne par Graficromo
ISBN : 2-215-07003-X
1re édition. N° d'édition : 93101

L'art de peindre la porcelaine

Geneviève d'Andigné

Éditions Fleurus
15-27, rue Moussorgski, 75018 Paris

Avant-propos

Pourquoi un nouveau livre traitant de la peinture sur porcelaine? Il en existe en effet des dizaines qui, pour la plupart, vous proposent des modèles nombreux et excellents. Ils sont d'ailleurs presque tous inspirés de motifs anciens maintes fois reproduits et interprétés.

Le but de cet ouvrage est plus modeste : offrir au débutant comme au peintre un peu plus confirmé la possibilité de pratiquer une technique qui, tout en se répandant de plus en plus, demeure aujourd'hui encore assez mal connue. Tout au long de ce manuel pratique d'initiation, je vous accompagnerai donc pas à pas dans votre apprentissage, lequel se fera à partir de ce que nous offre la nature : les fleurs, les oiseaux, les papillons ou les paysages…

J'ai pu, en découvrant puis en enseignant cette technique, mieux comprendre et résumer les problèmes pratiques généralement rencontrés par les débutants. Les schémas vous permettront de travailler étape par étape. Les « petits trucs » que je vous donne vous éviteront, je l'espère, quelques tâtonnements.

Les photos d'exemples de réalisations vous prouveront que, sans être spécialiste, on arrive à transformer une pièce de porcelaine courante en un objet bien personnel.

Je remercie tout particulièrement ma fille Anne qui m'a fait partager sa passion et sans laquelle je n'aurais jamais connu la joie de peindre, ainsi que mon époux qui, en m'initiant aux mystères de l'informatique, m'a facilité la rédaction de ce guide.

Geneviève d'Andigné

Ces deux compotiers de porcelaine ancienne sont une des premières réalisations de l'auteur, sous la conduite de sa fille Anne (chacune peignant le sien).

Sommaire

En toute chose, l'uniformité est à déconseiller.
L'imperfection dans un objet en fait tout l'intérêt en offrant matière à perfectionnement.

Kento, *Moments d'oisiveté* (1330-1332)

Musée national de céramique, Sèvres © Photo RMN - C. Jean

Porcelaine de Meissen, début du XVIIIe siècle. Inspirés des modèles extrêmes-orientaux, les décors floraux de la manufacture de Saxe, et plus précisément ceux peints par Hörodt, furent imités dans toute l'Europe.

Musée des arts asiatiques-Guimet, Paris © Photo RMN - Richard Lambert

Décor « bleu et blanc », époque yongzheng (XVIIe siècle, Chine). Le motif monochrome est dessiné au bleu de cobalt sur le corps blanc, simplement séché, de la porcelaine, et recouvert ensuite par la couverte avant cuisson.

Peindre et savoir regarder

Quelques généralités - Règles d'or

Lequel d'entre nous n'a jamais été séduit en contemplant les décors de vaisselles anciennes ou modernes ? Lequel encore n'a jamais rêvé de participer, même un tout petit peu à ces beautés... que ce soit pour son plaisir personnel ou pour faire plaisir à d'autres ?

Si vous êtes pris par ce « virus », vous chercherez rapidement à mieux connaître l'histoire de cet art magnifique. De très nombreux ouvrages traitent de ce sujet, aussi consultez-les sans hésiter. Ils vous proposeront une multiplicité de sources d'inspiration. Venues de Chine ou du Japon, ou encore nées au XVIIe ou au XVIIIe siècle dans de nombreuses manufactures réputées d'Europe, ces réalisations vous offriront une large palette de styles et de techniques.

Quelques généralités

La peinture sur porcelaine se fait traditionnellement selon deux procédés.

Le décor « au petit feu » ou peinture sur émail est la technique que je vous propose de découvrir ici. La couleur est appliquée sur l'émail de la porcelaine blanche déjà cuite et vitrifiée. Une fois le décor peint, une nouvelle cuisson de 750 à 960° C est alors nécessaire. Cette technique s'adresse particulièrement aux amateurs.

Le décor « au grand feu » ou peinture sous émail est une technique réservée aux professionnels de la céramique. Il s'agit alors d'appliquer sur la porcelaine crue et poreuse – c'est-à-dire avant vitrification – des couleurs à l'eau qui sont immédiatement absorbées. Il n'y

a donc pas de possibilités de retouche. La vitrification de l'émail protégeant les couleurs se fait au cours d'une seule et même cuisson à 1 300° C. On obtient ainsi une brillance régulière et un décor extrêmement résistant.
Il existe également des couleurs dites « à basse température » ; elles ne permettent cependant pas une grande finesse de travail et sont beaucoup moins résistantes.

Règles d'or

Peut-être avez-vous quelques réticences à vous lancer, croyant cette pratique réservée à quelques initiés ou artistes confirmés. Détrompez-vous ! Il suffit d'avoir un peu de goût – mais « des goûts et des couleurs... » –, et surtout il faut...

1. Savoir observer. Je ne saurais trop insister sur cette première qualité qui, à mes yeux, commande toutes les autres, et que vous allez cultiver ! En effet, observer ce qui est beau vous donnera le goût du beau.

Observez donc les formes... et plus encore les proportions, car ce sont elles qui font l'harmonie d'un dessin.
Observez les couleurs et, peu à peu, vous apprendrez à les mêler, allant jusqu'à créer vos propres teintes (avec parfois quelques surprises !).
Observez enfin la forme et la qualité du coup de pinceau que vous venez d'appliquer et ne vous contentez jamais d'« à peu près », vous le paieriez par des difficultés ultérieures.

2. Apprendre un certain nombre de règles de base, notamment :
à préparer la couleur ;
à l'essayer pour en tester la consistance en fonction du travail prévu ;
à lui conserver ses qualités en la rafraîchissant par des mélanges fréquents ;
à charger le pinceau en fonction de l'effet recherché et à le déplacer.

3. Avoir l'amour du travail bien fait, c'est-à-dire accepter de découvrir la technique et de faire des exercices qui sont à la peinture ce que les gammes sont à la musique. Exercices, patience et persévérance sont au début plus utiles qu'une grande quantité de matériel.

L'essentiel de cette méthode se trouve exposé au chapitre « Peinture à l'essence grasse », p. 23 s. Ne vous découragez pas si son étude vous occupe pendant des jours, peut-être même des semaines.
Pensez à dater et à signer vos peintures avant de les faire cuire, vous pourrez ainsi mesurer au fil du temps l'étendue de vos progrès. Une dose raisonnable de patience et de persévérance fera le reste !

Si vous suivez ces règles d'or, vous verrez que tout vous paraîtra facile et amusant. Vous pourrez ensuite laisser libre cours à votre imagination pour réaliser vos propres créations...

Bouteille de style « Kakiemon », porcelaine de Meissen (v. 1730-1735). Le célèbre potier japonais (1596-v. 1660) composa des décors polychromes qui furent longtemps imités par les manufactures européennes.

Musée national de céramique, Sèvres © Photo RMN - C. Jean

Matériel de base. Travaillez avec une blouse de coton.
Soignez particulièrement vos pinceaux, ils sont presque aussi fragiles que la porcelaine !

Entretien du matériel

- Plaque et spatules se nettoient à la térébenthine et à l'alcool.
- Les pinceaux sont coûteux et leur parfait état est indispensable. Prenez-en le plus grand soin. Nettoyez-les en les roulant dans la térébenthine tout en écartant les poils. Veillez à ne jamais appuyer sur la pointe et à ne pas plier les poils au ras de la virole pour ne pas les couper.
- N'utilisez jamais d'alcool, qui brûle les poils.
- Savonnez les pinceaux assez régulièrement en les tirant doucement sur le savon, poils écartés. Rincez-les de la même façon, toujours dans le sens du poil, et redonnez-leur leur aspect d'origine, bien droits, pointe dans l'axe du manche.
- Rangez-les dans un étui de carton que vous pouvez fabriquer vous-même en cousant des passants de caoutchouc. L'étui, replié, devra être maintenu fermé par un élastique.
- Si vous négligez leur entretien, vous userez vos pinceaux à une allure incroyable. Ceux-ci perdraient en effet rapidement leurs poils, et ne pourraient garder ni leur forme ni leur pointe.

Matériel et couleurs

Le matériel de base - Les couleurs et la palette - Matériel complémentaire

Je vous conseille, pour vous lancer, de n'utiliser qu'un matériel minimum ; vous le compléterez au fur et à mesure de vos besoins.

Le matériel de base

Les outils de dessin

Un crayon gras. Celui-ci vous permettra de dessiner sur la porcelaine. Son tracé disparaît à la cuisson.
Du papier calque pas trop épais.
Du papier carbone spécial porcelaine. Il ne graisse pas et disparaît également à la cuisson.
Une plume à dessin.

Les pinceaux et accessoires

Deux ou trois pinceaux. Choisissez des pinceaux en poils de martre : ils restent, à l'usage, nerveux et pointus.
Notez qu'à grosseurs équivalentes, les numéros sont différents selon la marque et la série. Au départ, prenez un pinceau fin et un pinceau moyen.

Deux spatules au moins (trois ou quatre vous rendront toujours service). Choisissez de préférence des couteaux à peindre à lame droite et dure d'environ 8 cm de long. Ils sont parfois difficiles à trouver. À la rigueur, prenez-les un peu plus grands, mais sachez que les spatules coudées et à lame triangulaire ne sont pas pratiques du tout.
Une plaque de verre d'environ 20 × 40 cm et de 4 ou 5 mm d'épaisseur que vous ferez couper chez un vitrier (demandez-lui de poncer les tranches pour les rendre inoffensives). Cette plaque vous servira à travailler vos couleurs.
Certains utilisent des carreaux de faïence ; je les trouve pour ma part trop petits pour pouvoir bien triturer les couleurs ou préparer plusieurs teintes en même temps.
Un ou deux godets en verre ou porcelaine. Évasés de préférence et de 7 ou 8 cm de diamètre, ils vous permettront de rincer les pinceaux sans appuyer sur la pointe, en les couchant dans la térébenthine.
Un chiffon doux et souple (un vieux mouchoir fera l'affaire). Attention, celui-ci ne doit pas pelucher mais on peut le laver.

Un rouleau de papier essuie-tout pour nettoyer la plaque de verre et les pièces de porcelaine à peindre.

Les essences et médiums.

Essence grasse. Cette térébenthine épaisse vous servira à préparer vos couleurs « à l'ancienne », c'est-à-dire selon la méthode traditionnelle.
Térébenthine. Elle est indispensable à la fois pour préparer les couleurs, pour les rafraîchir en cours de travail, ou pour nettoyer les pinceaux. Si la térébenthine ordinaire vous indispose, sachez qu'il existe une térébenthine inodore (dite rectifiée).
Alcool à brûler, pour nettoyer votre plaque de verre et vos spatules.
… et un morceau de sucre!

Les couleurs et la palette

Celles-ci sont très nombreuses et comportent quantité de nuances. Je vous conseille toutefois de commencer par les couleurs de base, que vous compléterez au fur et à mesure de vos besoins.
Il existe au moins deux grandes marques d'excellente qualité. D'autres fabricants proposent des pigments un peu moins coûteux; il faut parfois en employer davantage.
Classées par séries, les couleurs sont à des prix variables selon leur composition.

Sachez que chaque marque a ses propres appellations et son propre nuancier.

Palette réalisée sur assiette de porcelaine.
Créez un dégradé pour chacune
des couleurs référencées :
la palette obtenue sera
une aide précieuse.

1. Amarante
2. Jaune citron
3. Bleu cathédrale
4. Bleu hortensia
5. Vert russe
6. Vert jade
7. Capucine
8. Vert pré
9. Ébène
10. Vert printemps
11. Gris acier
12. Or jaune
13. Argent
14. Cuivre
15. Or antique
16. Pourpre riche
17. Rose tulipe
18. Rose 17
19. Pourpre rose
20. Lilas
21. Rose
22. Parme
23. Pensée
24. Vert Ério
25. Vert brun
26. Vert Empire
27. Vert Bertin
28. Vert d'eau
29. Violet bleu
30. Mauve foncé
31. Bleu Rouen
32. Bleu Delft
33. Bleu cobalt
34. Côte d'azur
35. Bleu roi
36. Mer du Sud
37. Brique
38. Chair
39. Saumon
40. Jaune paille
41. Noisette
42. Brun clair
43. Brun orange

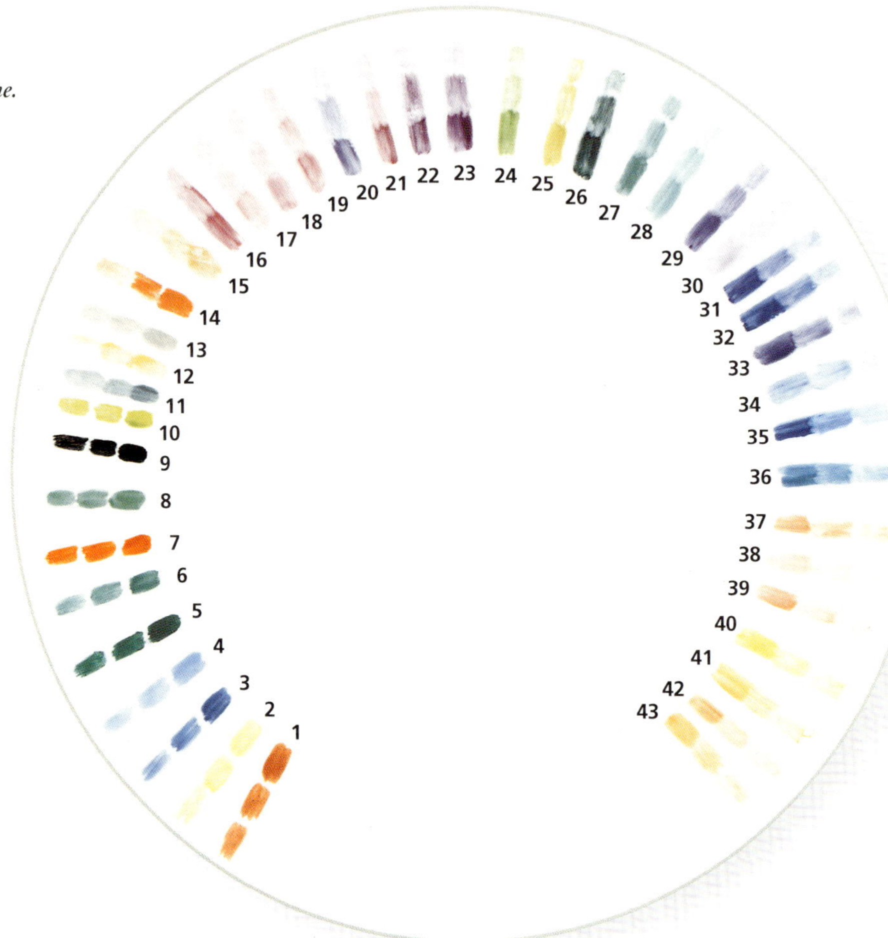

Une assiette réalisée en deux teintes et rehaussée d'or.

Avec un bleu, un jaune, un rouge, un vert, du rose et du pourpre, ainsi qu'un noir et un violet, vous pourrez commencer.

Mon conseil : Il est indispensable de se constituer au fur et à mesure de ses achats une palette de référence sur une assiette de porcelaine blanche, en la complétant par un dégradé de chacune des couleurs. Pour ce faire, procéder par touches successives (pas trop petites) et noter la référence des couleurs. Pour obtenir le dégradé (teinte foncée, moyenne et très claire), mouiller progressivement la teinte de départ. Faire cuire.

Cette palette vous sera vraiment nécessaire lorsque vous chercherez à reproduire fidèlement un modèle et ses teintes. Les poudres en effet, sans changer véritablement à la cuisson (excepté les roses et les pourpres), n'offrent pas le même rendu de teintes lorsqu'elles sont cuites.

Les roses, les pourpres et les violets étant à base d'or, ils sont à la fois plus coûteux et plus difficiles à travailler. Évitez de vous en servir pour vos premiers essais.

Méfiez-vous également des teintes au cadmium – principalement des rouges vifs, des orange et de certains jaunes – qui ne supportent pas les mêmes températures de cuisson que les autres teintes. (Cependant, sur des carreaux de faïence, ces couleurs donnent d'excellents résultats. Pour la cuisson de la faïence, reportez-vous au chapitre « cuisson » p. 138.)

Sachez aussi que, d'une manière générale, les jaunes « mangent » les rouges et les bruns-jaunes à la cuisson.

Enfin, ne laissez pas traîner vos pigments; ils sont nocifs par ingestion ou inhalation (mais le service dont je me sers depuis des années ne nous a pas encore rendus malades !)... Il suffit de cuire à une température plus élevée (950° C).

Matériel complémentaire

Plus tard, vous devrez vous procurer :

Un pinceau à sifflet pour tracer vos filets.

Un pinceau large dit « éventail » pour étaler la couleur des putois.

Une éponge à putoiser (au grain aussi fin que possible et pas en latex). Vous la conserverez à l'abri des poussières dans un sachet plastique. Cette éponge se rince sommairement à la térébenthine, avant d'être soigneusement savonnée et rincée. Séchez-la dans un chiffon propre sans peluches, elle durera longtemps.

Un petit pinceau à putoiser pour les très petites surfaces.

Du vernis à réserver pour les cartouches et toutes les réserves.

De l'essence de lavande, de girofle ou d'aspic pour retarder le séchage des peintures à putoiser.

De l'or, pour les plus belles réalisations.

Je vous conseille vivement d'avoir en outre un carnet sur lequel vous noterez les couleurs employées pour chaque travail. Lorsqu'on utilise de nombreuses teintes et qu'on a dû abandonner provisoirement ses pinceaux, on est fort heureux de trouver ce petit aide-mémoire, sur lequel il convient d'ailleurs de noter, outre la référence des teintes, l'origine (titre de livre et page) du modèle utilisé.

Étude de dessin sur un pot

Exemple de dessin touffu à gauche et utile à droite

1

Dessin et report de dessin

Dessin direct ou report ? - Le poncif - Le cercle diviseur

La peinture sur porcelaine demande toujours une étape préparatoire : le tracé ou report, sur la porcelaine, du dessin qui servira de guide à votre travail de peintre.

Je vous conseille de faire vos premiers dessins (directs ou par calque) sur un objet plat – assiette, plat, cendrier, par exemple – que vous aurez nettoyé à l'alcool.

Dessin direct ou report ?

À force de calquer et d'observer, vous apprendrez l'essentiel du dessin. Si vous possédez une certaine maîtrise de cette technique, mais surtout si vous désirez créer votre propre motif, vous pouvez dessiner directement sur la porcelaine. Dans ce cas, il faut utiliser un crayon gras. Vous préférerez peut-être reproduire un dessin ou motif existant. Je vous conseille, au début, de choisir un motif simple.

1. Avec un crayon de papier **dur et fin**, relever le motif choisi sur une feuille de calque. Veiller à décalquer très soigneusement celui-ci, en supprimant les détails inutiles.

2. Reporter ensuite le motif décalqué sur la porcelaine. Pour cela, fixer la feuille de calque à l'endroit désiré avec deux petits morceaux de plastique adhésif. Avec un seul adhésif, le calque pourrait bouger et tourner, déformant ainsi le dessin reporté.
Glisser dessous une feuille de papier carbone. Avec une pointe dure (stylo bille à pointe fine), repasser le dessin du calque.

Quel que soit le procédé choisi, le dessin sur la porcelaine doit être aussi fin et sobre que possible. Un dessin trop fignolé ou touffu est en effet trompeur. Il vous donnera une bonne impression au départ, mais se révélera en réalité gênant dans les étapes suivantes de votre travail. De surcroît, comme il disparaît à la cuisson, le résultat final vous décevra probablement.
Rappelez-vous que le crayon n'est là que pour vous guider sur les points essentiels : il se doit donc d'être discret.
ATTENTION. Il est sage de comparer avec le modèle d'origine le dessin que vous obtenez. Vous éviterez ainsi des erreurs parfois grossières.

Le poncif

On utilise cette technique lorsqu'il s'agit d'un motif répétitif et devant être très régulier.

1. Décalquer le motif choisi au crayon de papier, et le poser sur une petite planche recouverte de feutrine.

2. Avec une pointe de compas, piqueter le tracé du motif ; les points doivent être fins et serrés.

3. Lorsque l'ensemble du motif est piqueté, poncer sur l'envers pour enlever les barbes du papier.

4. Fixer le calque piqueté sur la porcelaine avec deux morceaux d'adhésif, et frotter légèrement avec un tampon garni de poussière de fusain ou de charbon de bois. Enlever le calque et souffler sur le motif pour ôter l'excès de poussière.

5. Redessiner au crayon gras : le dessin sera plus net et résistant.

Le poncif à droite est repris au crayon à gauche.

Le motif central de l'assiette a été dessiné au poncif.

Le cercle diviseur

Lorsque vous aurez besoin de disposer un motif à espaces réguliers (répétition de guirlandes par exemple), vous aurez intérêt à utiliser le « cercle diviseur » reproduit ci-contre.

Arabesques préparées au poncif pour un plat à tarte

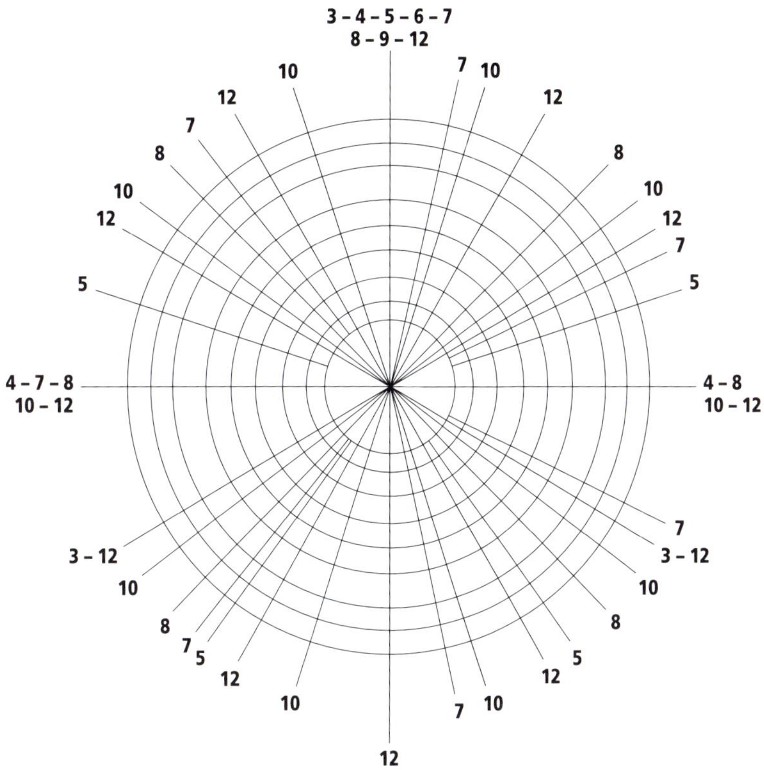

Le cercle diviseur permet de créer des espaces réguliers. Centrez bien la pièce avant de relever les repères désirés. Agrandi à la photocopieuse, celui-ci vous donnera une indication; n'hésitez pas à en fabriquer d'autres, évidés à l'intérieur, que vous pourrez enfiler sur des vases, en calculant au rapporteur les angles qui vous conviennent. Le principe est toujours le même, votre ingéniosité fera le reste…

1. Reproduire le cercle diviseur ci-dessus sur une feuille de papier cartonné ou sur un bristol.

2. Son emploi est extrêmement simple. Prendre par exemple une soucoupe et la retourner en la centrant sur le cercle. Pour obtenir sept espaces – les espaces impairs sont généralement plus harmonieux que les espaces pairs –, noter au crayon gras sur le bord de la soucoupe les points coupant les lignes indiquées « 7 ». Reporter ensuite ces traces de crayon sur le dessus de la soucoupe.

L'utilisation du cercle diviseur a facilité la réalisation de motifs placés en « collerette » et au pied de ce vase.

Assiette d'inspiration japonaise réalisée au serti

Pied de lampe
avec serti à la plume

2

Peinture dite « au sucre »

Préparation - Essai du mélange à sertir

Une technique facile à utiliser, où le sucre tient lieu de liant et de fixatif, et où la plume remplace le pinceau.
Elle permet au débutant de réaliser très rapidement des modèles simples et sans cuisson intermédiaire, le diluant (l'eau) étant incompatible avec l'essence grasse, base de la peinture de remplissage.

Matériel

- Chiffon et papier essuie-tout
- Pigment (noir par exemple)
- Plume à dessin et spatule
- Plaque de verre (palette)
- Godet de porcelaine ou verre
- Un morceau de sucre

Avant de commencer, nettoyer à l'alcool la plaque de verre et le godet et remplir celui-ci jusqu'à moitié avec de l'eau.

Préparation

1. Prendre avec la pointe de la spatule un ou deux petits pois de pigment noir en poudre et les déposer sur la plaque de verre.

Ne versez jamais directement la poudre du pot sur la plaque, car celui-ci peut se vider d'un seul coup !

2. Ajouter un peu d'eau prélevée avec la même spatule et travailler énergiquement le mélange afin d'en rendre le grain de plus en plus fin.
Le mélange va avoir tendance à trop s'étaler sur la plaque : il est alors nécessaire de le regrouper. Pour ce faire, ramasser d'abord le mélange en raclant la plaque vers la gauche avec la spatule penchée en arrière. Continuer le geste en écrasant la lame de la spatule presque à plat pour décharger celle-ci du mélange. La spatule doit être propre. Recommencer l'opération – gratter et tirer en écrasant – vers la droite (voir textes et photos p. 23-24).

3. Gratter avec le tranchant de la spatule un peu de sucre pour l'ajouter au mélange pigment/eau. Faire fondre le sucre en le mélangeant sans appuyer trop fort pour éviter les projections. On obtient un mélange ressemblant à une encre un peu épaisse.

Essai du mélange à sertir

1. Avec la plume à dessin, ramasser dans le creux de la plume un peu de la peinture au sucre obtenue et tracer quelques traits sur une assiette à essais bien propre (nettoyée au préalable à l'alcool). Laisser sécher quelques secondes.

2. Le mélange est-il bon? Si le trait s'efface lorsqu'on passe le doigt dessus sans frotter, il faut remettre du sucre et procéder à un nouvel essai.
Si le mélange sèche mal et poisse, c'est qu'il y a trop de sucre; rajouter alors de la poudre.

Un serti bien dosé doit vous permettre de réaliser un motif complet sans qu'il s'efface pendant que vous travaillez.
Un excès de sucre donne un serti épais et disgracieux. Si vous employez du sucre glace ou en poudre, veillez à ne pas avoir la main trop lourde, ce qui est fréquent!
Si votre serti est trop mouillé, vous ferez des tracés épais et lourds. S'il ne l'est pas assez, il séchera trop vite dans la plume.
Pensez à réhumecter et regrouper régulièrement votre mélange en cours de travail, car l'eau s'évapore peu à peu.
Ce mélange se conserve fort bien sur une petite plaque de verre. Pensez à noter dessous la référence de la teinte et conservez celle-ci à l'abri de la poussière.
Pour rendre le serti à nouveau utilisable, il vous suffira de le réhumecter; mais ne rajoutez jamais de sucre, celui-ci ne peut s'évaporer! Sachez enfin qu'en vieillissant, le mélange à sertir se « bonifie ». Ce serti vous servira à dater et signer vos travaux.

N.B. Il existe maintenant dans le commerce un produit prêt à l'emploi qui permet à la plume de mieux glisser.

Un travail plus graphique en noir et rouge pour un dessous-de-plat original

Le patron peut être agrandi ou réduit à la photocopieuse.

Une autre assiette de la même série

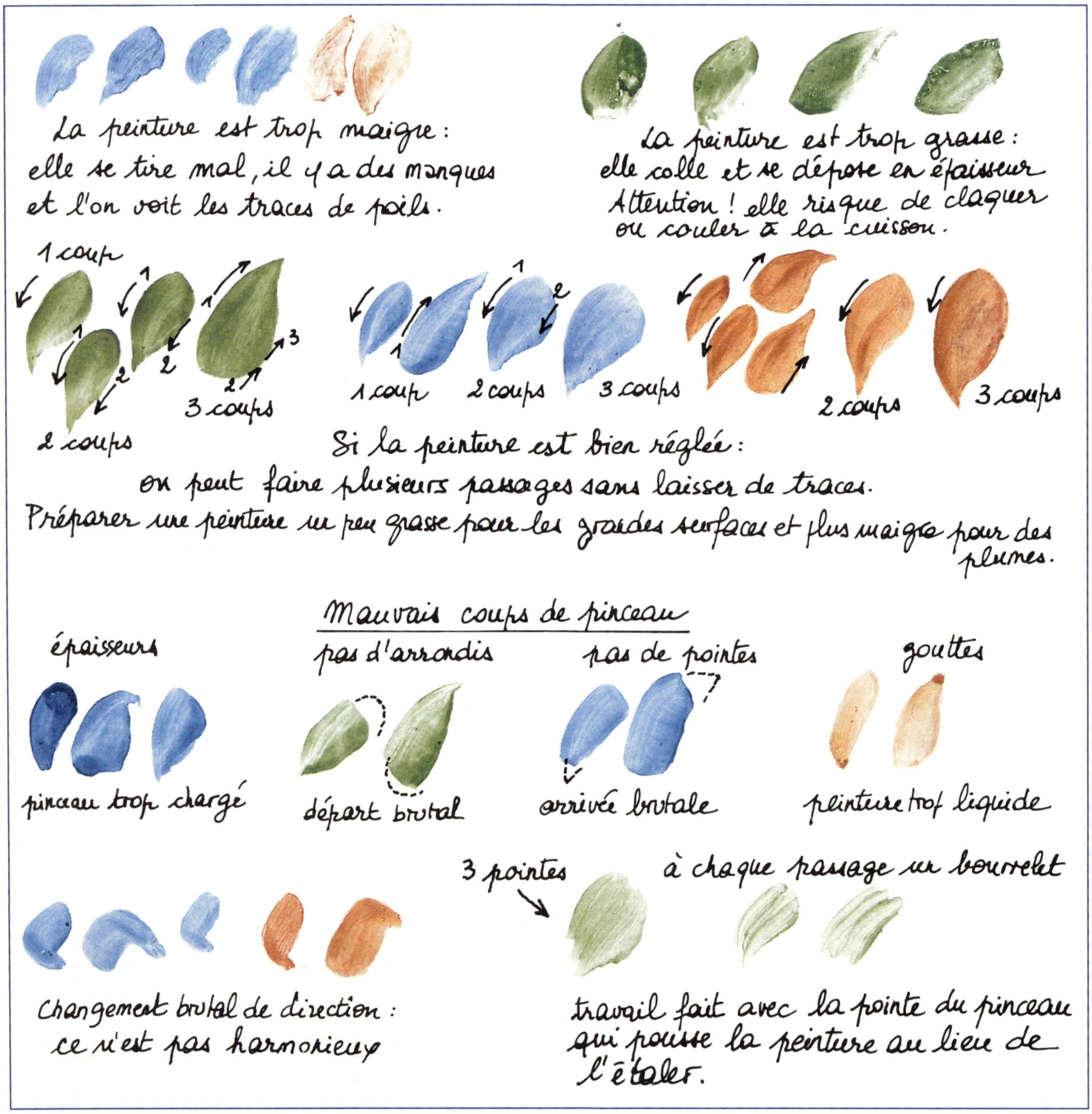
La peinture est trop maigre :
elle se tire mal, il y a des manques
et l'on voit les traces de poils.
La peinture est trop grasse :
elle colle et se dépose en épaisseur
Attention ! elle risque de claquer
ou couler à la cuisson.
1 coup
2 coups
3 coups
1 coup
2 coups
3 coups
2 coups
3 coups
Si la peinture est bien réglée :
on peut faire plusieurs passages sans laisser de traces.
Préparer une peinture un peu grasse pour les grandes surfaces et plus maigre pour des plumes.
Mauvais coups de pinceau
épaisseurs
pinceau trop chargé
pas d'arrondis
départ brutal
pas de pointes
arrivée brutale
gouttes
peinture trop liquide
Changement brutal de direction :
ce n'est pas harmonieux
3 pointes
à chaque passage un bourrelet
travail fait avec la pointe du pinceau
qui pousse la peinture au lieu de
l'étaler.

3

Peinture à l'encre grasse

Préparation - Essai de peinture grasse

Le travail à l'encre grasse est plus délicat. Installez-vous si possible dans une pièce propre et sur une grande table. Il faut savoir que les poussières collent à la peinture grasse et ne disparaissent pas à la cuisson. Portez une blouse (un accident est vite arrivé !), mais surtout pas de vêtements pouvant pelucher ou perdre des poils.
Une bonne lumière est également nécessaire. L'exposition au nord est la meilleure car l'éclairage est plus constant.

Préparation du matériel

- Sortir un chiffon et du papier essuie-tout.
- Sortir le pigment de couleur (bleu par exemple), un gros pinceau, deux spatules et l'essence grasse.
- Nettoyer à l'alcool la plaque de verre et le godet.
- Remplir à demi le godet de térébenthine.

Préparation

1. Prendre avec la spatule deux petits pois de poudre bleue environ et les déposer sur la palette de verre. Ajouter un peu de térébenthine puisée avec la spatule et écraser longuement et énergiquement le mélange par un mouvement tournant de la lame. Cette opération permet d'affiner le pigment ; au besoin, le réhumecter avec la térébenthine.

2. Le mélange va avoir tendance à trop s'étaler sur la plaque, il est donc nécessaire de le regrouper. Avec la lame de la spatule légèrement penchée en arrière, tirer le mélange en raclant la plaque vers la gauche. La peinture est regroupée au centre de la palette.

Tirer le mélange en raclant la palette vers la gauche.

3. Basculer ensuite la lame sur la gauche du tas (la face propre restant en l'air) et appuyer la face chargée de peinture au bord du tas (non pas dessus) en tirant toujours vers la gauche. Écraser la lame de la spatule presque à plat pour bien décharger celle-ci du mélange.

Écraser et tirer la spatule sur la gauche, bien à plat, pour la décharger.

4. Recommencer l'opération – gratter et tirer en écrasant – vers la droite. La spatule doit être propre.
Il est préférable de ne pas essuyer sans cesse la spatule sur un chiffon afin de ne pas gâcher de trop grandes quantités de peinture.

Apprenez à faire ce mouvement lentement au début, puis de plus en plus rapidement… d'abord de droite à gauche, comme indiqué, puis de gauche à droite, de haut en bas et de bas en haut. Cette technique permet de garder sa spatule propre. Vous verrez la surface du tas diminuer et son épaisseur augmenter : la peinture est alors correctement regroupée !
Cette discipline est indispensable car, quel que soit le travail que vous effectuez, il faut très fréquemment mélanger et regrouper la peinture pour qu'elle conserve son homogénéité.
La térébenthine s'évaporant peu à peu, n'hésitez pas à en remettre en trempant la spatule, nettoyée comme indiqué, dans votre godet de térébenthine. Si vous négligez cette dernière précaution (spatule nettoyée sur la plaque), le pigment se retrouvera sous peu déposé et noyé au fond de votre godet de térébenthine.
Il est possible que vous éprouviez quelques difficultés au début de votre travail. Ne vous découragez pas ! Ces mouvements si lents et si difficiles au départ, deviendront à la longue de véritables réflexes.

5. Avec la deuxième spatule restée propre, déposer un peu d'essence grasse – environ deux petits pois – en haut à droite de la palette.
Avec cette même spatule, en prélever une goutte sans l'étaler, et déposer celle-ci à côté du mélange (mais pas dessus pour que la spatule reste propre). Malaxer et regrouper ce nouveau mélange comme indiqué précédemment. Veiller à procéder toujours de cette manière.

Essai de la peinture grasse

Le coup de pinceau

1. Préparer le pinceau avant de commencer à peindre. Pour cela, le rafraîchir d'abord en le roulant doucement dans le godet de térébenthine. Pour l'essuyer, le tirer doucement deux ou trois fois sur un chiffon propre.

2. Charger le pinceau avec la peinture grasse préparée. Le mélange doit être homogène et d'une consistance proche de celle d'une crème légère (plus épaisse que celle du serti).
Pour ce faire, poser le pinceau dans le mélange et le tirer vers soi en écrasant un peu les poils. Ceux-ci doivent être garnis jusqu'en haut ; il est souvent nécessaire d'effectuer à deux reprises cette opération en retournant le pinceau.

3. Décharger le pinceau du surplus par le même geste deux ou trois fois, mais à côté de la préparation. Le dessus des poils ne doit plus comporter d'épaisseur de peinture.

Refaire ensuite sa pointe en le roulant sur la plaque de verre **sans appuyer** pour ne pas tordre les poils.

4. Effectuer la première touche d'essai.
Position du pinceau. Le manche est incliné à environ 30 degrés de la porcelaine (posée à plat sur la table).
Le geste. Tirer le pinceau régulièrement vers la gauche en l'écrasant peu à peu. Pour terminer, tirer toujours lentement vers soi en redressant le pinceau à environ 45 degrés pour finir par une pointe.

Plier la pointe en tirant à gauche.

Relever le pinceau pour finir en pointe.

Réaliser plusieurs touches d'essai, d'abord séparées les unes des autres, puis se chevauchant légèrement deux à deux. Pour la commodité des explications, nous appellerons à l'avenir ce coup de pinceau « **la grosse goutte** ». Ce mouvement vous sera bien souvent indispensable.
Répéter l'opération en travaillant maintenant vers la droite (en remontant).

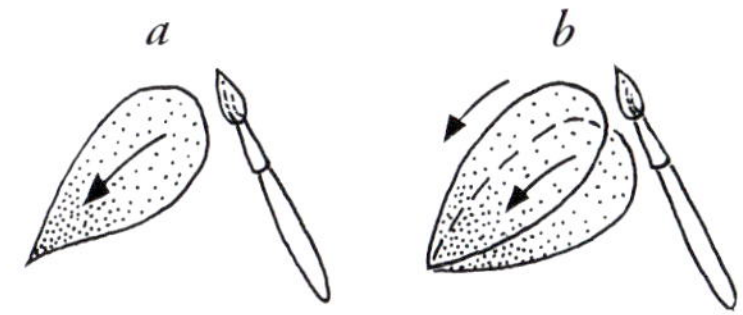

La « grosse goutte »
Les deux coups arrivent au même point.

EXEMPLES DE MAUVAISES GOUTTES

Vous avez écrasé les poils sans déplacer le pinceau : il manque la partie arrondie du début de la goutte.

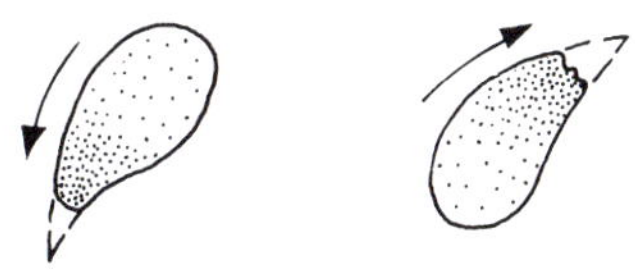

Vous avez relevé brusquement le pinceau : il manque la pointe d'arrivée. Il faut relever progressivement pour n'utiliser que la pointe du pinceau.

Pour un bon résultat, veillez à ne pas coucher le pinceau, mais à plier progressivement ses poils jusqu'à la moitié de leur longueur. À la fin du geste, ceux-ci ne sont plus du tout pliés et le pinceau est redressé.
De la même façon, travaillez bien avec le plat du pinceau jusqu'à son redressement progressif vers la pointe.

La peinture est-elle bonne ?

5. – Si à la fin du coup de pinceau on obtient une goutte foncée, c'est qu'il y a trop de térébenthine. Il faut à nouveau mélanger, étaler et regrouper jusqu'à évaporation de l'excédent de térébenthine.

– **Si la peinture se tire mal** (elle doit au contraire glisser sur la porcelaine), si elle sèche immédiatement ou si l'on voit tous les traits laissés par le passage des poils, c'est que la peinture n'est pas assez grasse. Dans ce cas, elle sera difficile à appliquer et ressortira mate à la cuisson. Il faut par conséquent rajouter un peu d'essence grasse.

– **Si la peinture colle,** si apparaît sur les bords un cerne brillant ou si toutes les nuances disparaissent pour se fondre, c'est que la peinture est trop grasse. Elle aura tendance à baver, et ne pourra s'étendre en couche assez fine. Après la cuisson, elle risque de « fuser » si elle est en couche mince ou, si elle est en couche épaisse, de « claquer » en emportant l'émail de la porcelaine. Il faut donc rajouter du pigment et retravailler le mélange.

Dans les trois cas, procéder à un deuxième essai et, au besoin, à une deuxième correction puis à un troisième essai. Ces mésaventures sont tout à fait normales au début !

Quoi qu'il en soit, sachez qu'il est moins grave, pour un débutant, de peindre trop maigre plutôt que trop gras.

Cette préparation et ces essais, parfois nombreux, ne sont pas, croyez-le, une perte de temps. Bien au contraire. Ils vous apprendront à mieux « voir » la qualité de votre peinture et à mieux connaître vos pinceaux.

En outre, en franchissant trop vite cette phase un peu ardue de l'apprentissage, vous risquez d'éprouver de grosses difficultés au cours du travail et, pour finir, de devoir tout effacer.

N'hésitez donc pas à multiplier les coups de pinceau d'essai, même lorsque vous pensez que le mélange est « à point ». Ils constituent un excellent exercice.

Enfin, n'oubliez pas que la térébenthine s'évapore. Il faut humecter et mélanger d'autant plus souvent qu'au début on est moins rapide et moins sûr de soi.

IMPORTANT. Lorsque la peinture est « à point », on ne rajoute jamais d'essence grasse, la térébenthine évaporée graissant bien assez le mélange.

N.B. Il existe dans le commerce des produits appelés médiums qui évitent ces dosages et ces essais.

Je préfère cependant vous déconseiller cette solution de facilité et ce pour trois raisons. La première est qu'on apprend rapidement à sentir le dosage qui convient et à le réaliser plus vite. La deuxième est plus essentielle : tous les pigments ne demandent pas la même quantité d'essence grasse pour que les coups se fondent. La troisième est que chaque travail nécessite également sa propre proportion d'essence grasse. Ainsi, je mets un peu plus de gras pour peindre un grand pétale ou toute autre surface importante, et sensiblement moins pour des plumes d'oiseau qui doivent rester distinctes.

Un motif élégant mais simple à réaliser pour un débutant.
(Je l'appelle familièrement le service à café « coups de pinceau » !)

Patron du service à café ci-dessus. Veillez à ne pas créer de décalages au moment du report du dessin.

Application

Un service d'inspiration rustique décliné en trois couleurs

Si vous avez bien travaillé vos coups de pinceau, de droite à gauche et inversement, ou de bas en haut et inversement, vous devez pouvoir réaliser facilement ce service de table.

1. Dessiner sur l'assiette propre la fleur et les tiges.

2. Préparer votre peinture (une couleur à la fois), en prenant deux pois de poudre des couleurs suivantes : bleu outremer 13, vert Empire et brun jaune.

3. Peindre les cinq pétales en allant de l'extérieur de la fleur vers le cœur (au besoin délaquer l'emplacement des derniers pour éviter les épaisseurs; voir schéma de l'étape 1 p. 49).

4. Peindre les tiges puis les feuilles à votre goût; placer les plus petites au bout des tiges, et les grosses en variant leurs formes et leurs orientations. Si vous faites des feuilles pointues, partez de la tige; sinon, partez à 1 cm et arrivez en pointe à la tige.

5. Peindre les grosses dents de loup; pour ce faire, incliner l'assiette légèrement vers la droite (vers la gauche pour les gauchers), coucher le pinceau un peu en biais et arrondir le coup vers l'intérieur de l'assiette.
Il n'est pas nécessaire de tracer de repères préalables. Au besoin, tricher un peu à la fin en effaçant les premières dents peintes pour que les dernières trouvent leur place.

6. Alors que la peinture est encore un peu fraîche, régulariser le bord extérieur des dents de loup avec l'ongle du pouce (recouvert d'un linge fin et propre, légèrement humidifié de térébenthine), en plaçant celui-ci à cheval sur l'extrême bord de l'assiette. Faire ainsi le tour une ou deux fois si nécessaire, en gardant la même orientation de la main.

7. Avant de cuire, vérifier la propreté de l'assiette (dessus et dessous).
Avec un peu d'habitude, vous réaliserez chaque assiette en une quinzaine de minutes.

8. Cuire à 950° C, le décor sera plus résistant.
Il est préférable de ne pas utiliser de rouge, qui tient moins bien à l'usage.

Carreaux de style Beauvaisis. Faciles à réaliser au pinceau, ils peuvent apporter une note originale à votre cuisine.

1

Sertis à la plume ou au pinceau

Les sertis à la plume - Les sertis au pinceau

Vous allez maintenant réaliser votre premier travail au serti.
Choisissez votre porcelaine et le décor qui lui convient. À l'achat, veillez à ce que cette pièce ne comporte pas de défauts non dissimulables : fêlures, ébréchures trop grandes, déformations ou manque d'émail par endroits. Par contre, de petites taches noires ou brunes se noient facilement dans un motif. Sachez qu'au début, les formes rondes – tasses, vases, pots, etc. – sont plus difficiles à manipuler.
Avant de peindre, nettoyez votre pièce de porcelaine à l'alcool.

Les sertis à la plume

La peinture au sucre ouvre la voie à la réalisation de nombreux sujets. Vous trouverez de nouvelles sources d'inspiration – dessins de bandes dessinées, dessins animaliers, etc. – dans les livres pour enfants.
1. Préparer le mélange à sertir selon la méthode indiquée au chapitre précédent (voir pages 19 s.), et vérifier que ce serti est bon.

Petit carreau avec exemple du même motif en serti à la plume et au pinceau

2. Reporter le schéma du motif choisi au crayon gras sur l'assiette de porcelaine blanche nettoyée au préalable à l'alcool.
3. Prélever dans le creux de la plume à dessin un peu de mélange à sertir et repasser sur le motif.
4. Lorsque le serti à la plume est réalisé, on peut le colorer en préparant les différentes

teintes comme expliqué au chapitre précédent. Sur les plages de couleur de surface importante, éviter de laisser apparaître les différents coups de pinceau ou, au pire, donner ces coups d'une manière logique (pas en travers d'un pétale par exemple).

Si vous n'êtes pas satisfait du résultat de vos coups de pinceau, vous pouvez tricher un peu en estompant légèrement à l'aide d'un petit pinceau à putois (nous étudierons ce procédé plus en détail p. 114 s.).
N'abusez pas du putoisage; vous ne devez pas réaliser une copie parfaite, mais au contraire progresser dans un travail personnel et original.

Gros plan de la première assiette

Les sertis au pinceau

Le serti à la plume donne généralement un rendu assez froid et sec. Le pinceau, qui autorise les pleins et les déliés, donne un effet plus chaud et plus doux, même sur une simple assiette d'enfant et plus encore pour des fleurs ou d'autres sujets, comme ici ces assiettes humoristiques inspirées de dessins du célèbre illustrateur Caran d'Ache (1859-1909).

Lorsque vous serez habitué à manipuler vos pinceaux dans différentes positions, je vous conseille vivement d'abandonner la plume pour le pinceau et l'essence grasse.
C'est un travail plus difficile, que vous pourrez effectuer avec n'importe quel pinceau pourvu que sa pointe soit en parfait état. Ne croyez pas qu'un pinceau fin donne de meilleurs résultats; il est au contraire un peu moins ferme et « contient » moins de peinture.

Réalisation

1. Préparer la peinture grasse noire selon la méthode indiquée au chapitre précédent (voir pages 23 s.) et effectuer quelques touches d'essai pour la tester.

2. Nettoyer l'assiette à l'alcool et reporter au crayon gras le motif choisi – ici le chasseur au chien.

3. Prendre un pinceau moyen très pointu et le charger avec la peinture grasse noire. Dessiner le chasseur au pinceau en respectant les pleins et les déliés (ce qu'on ne peut faire avec la plume). Poursuivre avec les éléments de décor, puis terminer par l'aplat du chien.
Attention à ne pas faire d'épaisseur qui pourrait claquer à la cuisson ! Sachez qu'un brun noir ou un noir additionné de bleu foncé ou de brun claque moins facilement.
Position du pinceau. Le pinceau doit être parfaitement perpendiculaire à la surface.
Le geste. Pour obtenir un tracé extrêmement fin, frôler la surface de la pointe ; pour les pleins, écraser au contraire légèrement la pointe. Et, d'une manière générale, il est plus facile de tirer le pinceau vers soi que de le pousser.

Si vous êtes droitier, commencez par les motifs situés en haut et à gauche ; les gauchers commenceront par les motifs situés en haut et à droite.
Si vous éprouvez des difficultés apparemment insurmontables, il est probable soit que vous tenez mal votre pinceau – surveillez alors sa position –, soit que votre peinture est mal préparée – trop grasse, trop maigre, pas assez ou trop humide.

Cette technique au pinceau vous sera de toute façon indispensable pour tracer des tiges de fleurs fines, régulières et gracieuses.
Dans le cas d'un serti à l'essence grasse, faire cuire avant de passer les plages de couleurs ou, au moins, laisser sécher longtemps, ou passer au four de cuisine (voir étape 4 p. 35).
Cette méthode est également nécessaire pour *chatironner*, c'est-à-dire mettre en valeur un motif – souvent une fleur – en soulignant légèrement certains de ses bords après l'avoir peint. Il est préférable d'attendre que celui-ci soit bien sec pour que les couleurs ne se mélangent pas.

Application

Potiche d'inspiration chinoise

Exercices pour la potiche

Pour une pièce de cette importance, il convient de vous exercer au préalable sur une assiette à essais que vous cuirez.

1. Tracer à main levée au crayon gras le dessin sommaire des poissons, de l'écusson et, si nécessaire, des feuilles, fleurs et tiges.
2. Préparer du rouge capucine 22 et cerner au pinceau les poissons et quelques algues. Travailler surtout avec la pointe du pinceau dressé pour les déliés, et écraser très légèrement pour les pleins.
3. Préparer du noir 31. Peindre les yeux des poissons et, toujours au pinceau dressé, cerner le lotus, quelques tiges et l'écusson pour séparer les couleurs.
4. Cuire à 800° C ou faire sécher au four de cuisine (chauffer le four à 200° C, éteindre, enfourner et laisser refroidir dans le four). À ce degré de température, le tracé au crayon reste visible.
5. Préparer du bleu indien 69 et peindre les algues. Préparer du jaune 60 et peindre le lotus, quelques algues et l'écusson (pour celuici, si le noir a été cuit, vous pouvez peindre dessus, il ressortira en deuxième cuisson car on ne peut couvrir une teinte foncée avec une teinte claire).
Avec un mélange bleu + jaune (afin d'éviter la préparation d'un vert), peindre les feuilles et les dernières algues.
6. Les poissons se font avec le même rouge 22, plus ou moins dilué afin de rendre le volume (voir chapitre « Camaïeux », p. 89 s.). Lorsque la peinture est bien sèche, ajouter les ouïes et les écailles. Terminer les nageoires.

Pour réaliser une potiche ou un vase

1. Préparer le dessin en veillant à l'harmonie générale (répartition des motifs et des teintes).
2. Utiliser le cercle diviseur pour répartir les écussons. Pour le report de ceux-ci, vous pourrez faire le poncif des petits motifs.
3. Vous devrez également employer un plus grand nombre de teintes (noir, deux bleus, deux verts et un rouge foncé). Si le travail est un peu long, protégez vos couleurs en attente de la poussière.
4. Se reporter au chapitre « Finitions » pour la réalisation des filets (voir p. 124 s.).

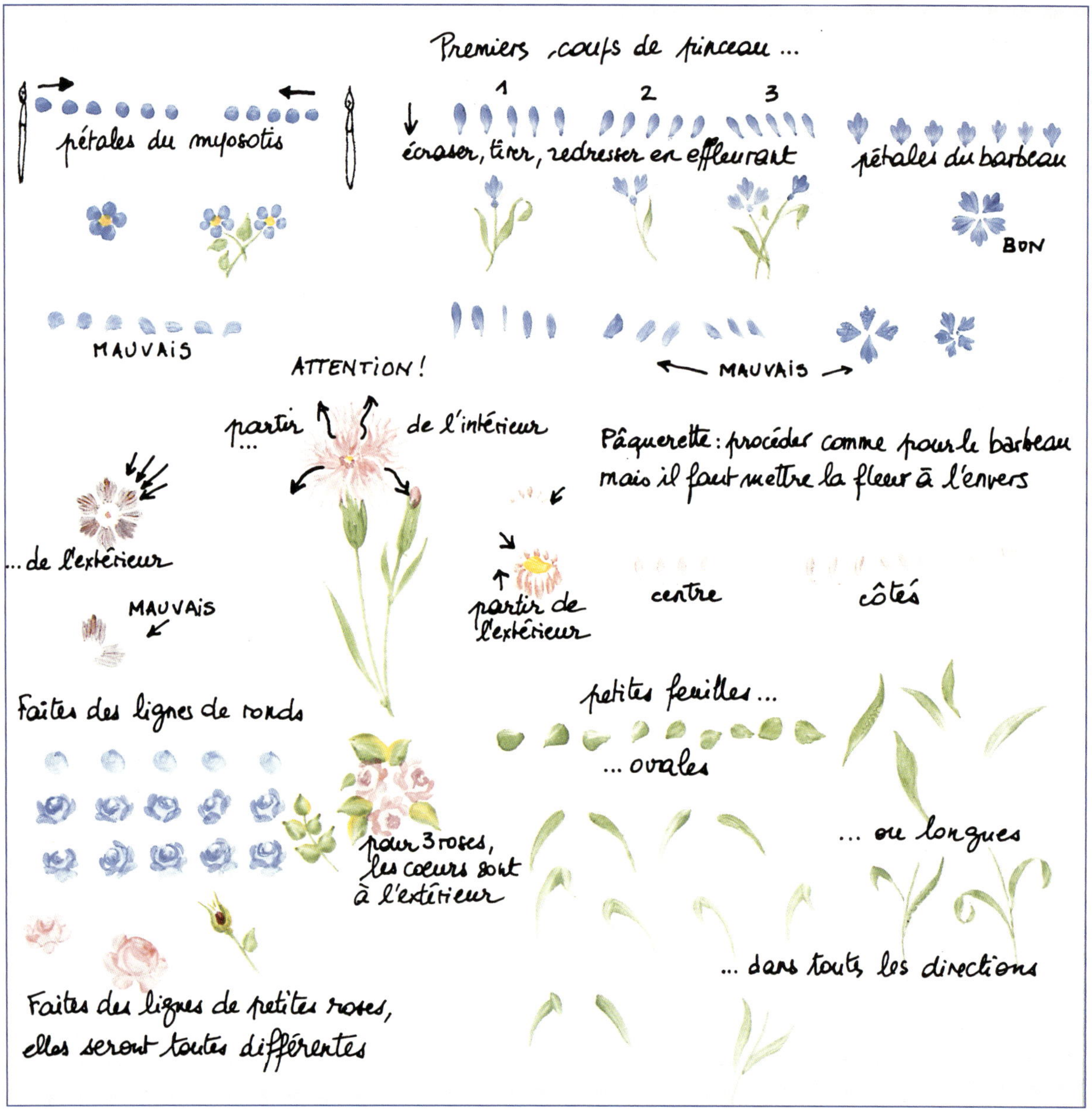
Premiers coups de pinceau ...
pétales du myosotis
1
2
3
écraser, tirer, redresser en effleurant
pétales du barbeau
BON
MAUVAIS
ATTENTION !
partir ...
de l'intérieur
MAUVAIS
Pâquerette : procéder comme pour le barbeau
mais il faut mettre la fleur à l'envers
... de l'extérieur
MAUVAIS
partir de l'extérieur
centre
côtés
Faites des lignes de ronds
petites feuilles ...
... ovales
pour 3 roses, les cœurs sont à l'extérieur
... ou longues
... dans touts les directions
Faites des lignes de petites roses,
elles seront toutes différentes

2

Petites fleurs

Barbeau - Myosotis - Pâquerette - Mouron stylisé - Œillet de Grenoble - Œillet de poète - Petite rose - Graminées

Vous apprendrez dans ce chapitre à réaliser des fleurs qui vous permettront de maîtriser progressivement les techniques de la peinture sur porcelaine. Vous pourrez ainsi créer vos premiers décors. Ces fleurs constituent un élément important de décoration pour la création de semis, de guirlandes, de petits bouquets, etc.
Techniquement, chacune d'entre elles – barbeau, myosotis, pâquerette, petite rose, œillet de poète – demande un coup de pinceau différent.

Matériel

- Crayon gras
- Palette de verre
- Spatules
- Deux godets (verre ou porcelaine)
- Pinceau fin
- Pinceau moyen
- Peinture à l'encre grasse
- Térébenthine
- Assiettes de porcelaine blanche

Le barbeau

Ce petit bleuet stylisé est une fleur très légère et fraîche que vous pourrez utiliser très rapidement.

Le barbeau apprend à déplacer le pinceau verticalement.

En semis, en branches ou en guirlandes, le barbeau permet de nombreuses décorations classiques ou modernes.

Le pétale

1. Tracer d'abord au crayon gras des lignes horizontales parallèles sur l'assiette à essais.

2. Préparer une peinture bleue pas trop grasse (voir p. 23) et charger soigneusement le pinceau fin. Garnir la première ligne de points d'exclamation régulièrement espacés et perpendiculaires à celle-ci.

BON

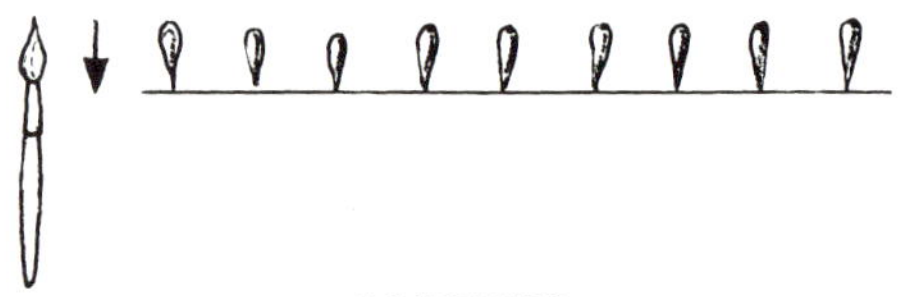

MAUVAIS

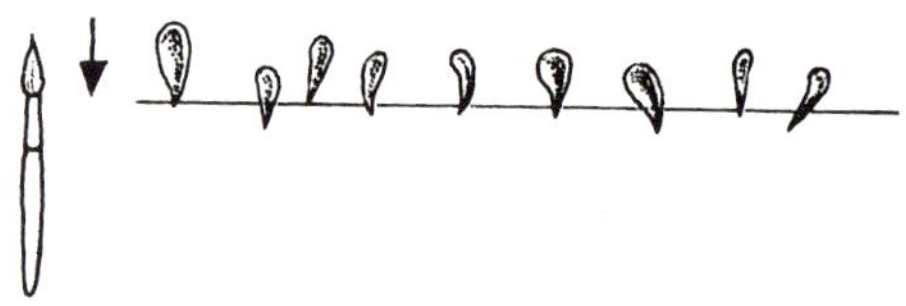

Le geste. Écraser légèrement la pointe du pinceau, puis le relever en tirant vers soi pour finir exactement sur la ligne.
Position du pinceau. Au départ, il est incliné à environ 30 degrés sur la porcelaine et, au final, à environ 45 degrés; mais dans les deux cas, il doit toujours rester perpendiculaire à la ligne du crayon. Veiller à ce que le manche du pinceau reste bien droit.
Position de la main. Le mouvement – écraser, tirer, effleurer – s'effectue en repliant progressivement le pouce et l'index. Au départ, ceux-ci sont allongés de part et d'autre du pinceau. Chaque point d'exclamation doit présenter un axe longitudinal plus clair qui donnera un effet de relief aux fleurs.

Si cet axe disparaît rapidement, c'est que votre peinture est trop grasse. N'oubliez pas que le bleu graisse plus vite !
Observez bien votre main. Lorsque vos doigts auront acquis davantage de souplesse, les exercices à venir vous paraîtront plus faciles.

3. Garnir la deuxième ligne de points d'exclamation à nouveau régulièrement espacés mais inclinés d'abord à droite, puis à gauche.

BON

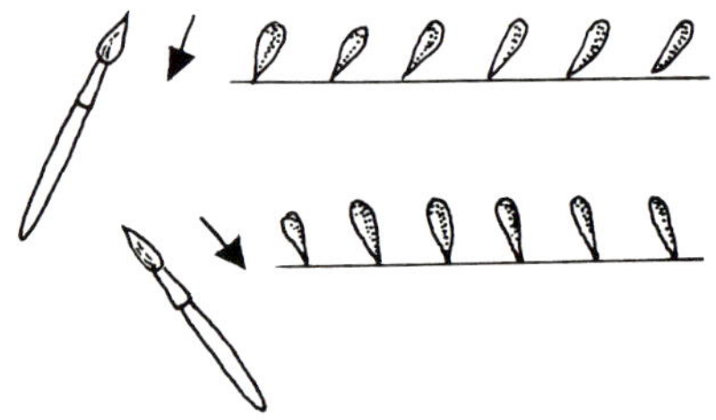

MAUVAIS

Le geste est le même, seule la **position du pinceau** varie légèrement. Le manche est déporté à droite pour les points d'exclamation inclinés à gauche, et à gauche pour ceux inclinés à droite.
Position de la main. Pour les points inclinés à droite, faire pivoter la main vers la gauche en pliant le poignet vers l'extérieur (le pinceau se retrouve en biais et dans l'axe du coup que l'on doit donner). Pour les points inclinés à gauche, le principe est le même, le poignet se pliant naturellement vers l'intérieur (le geste est plus facile).

4. Reprendre l'exercice – étapes 2 et 3 – en veillant à maîtriser l'amplitude des touches (les premières étaient probablement un peu grandes). Pour l'étape 2, la longueur de touche idéale est de 5 mm. Pour l'étape 3 (touches inclinées à droite et à gauche), elle est de 4 mm.

5. Sur la troisième ligne, peindre une suite de pétales complets. Effectuer d'abord la touche verticale, puis aussitôt après, les deux touches latérales qui doivent partir aux deux tiers de la première touche.
Attention. Celles-ci ne doivent pas couper la première touche verticale mais doivent arriver à sa base.

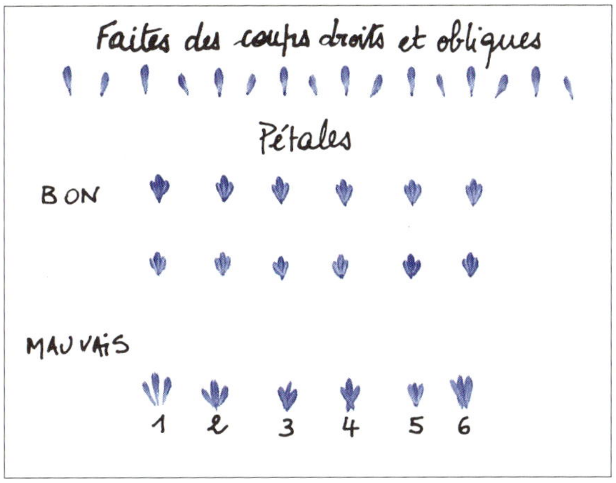

1. Les trois coups n'arrivent pas au même point.
2. Les coups latéraux ne sont pas tangents au premier.
3. Le premier coup est oblique.
4. Les trois coups se croisent à l'arrivée.
5. Les coups partent de la même hauteur.
6. Les départs sont trop pointus.

Ne vous découragez pas si vos premières tentatives sont infructueuses; abandonnez provisoirement cet exercice pour revenir à ceux indiqués page 24 s. avec le gros pinceau.
Lorsque vos pétales vous donneront satisfaction, vous pourrez passer à la peinture de la fleur.

La fleur

1. Sur l'assiette de porcelaine blanche, tracer au crayon gras un cercle d'environ 10 mm de diamètre et le partager en cinq parties égales. Pour éviter une mauvaise répartition des pétales, placer d'abord les points a, b, et c, puis les milieux de ac et cb (points d et e). Indiquer le centre par un petit cercle d'environ 1 mm de diamètre.

BON *MAUVAIS* *Placement des pétales*

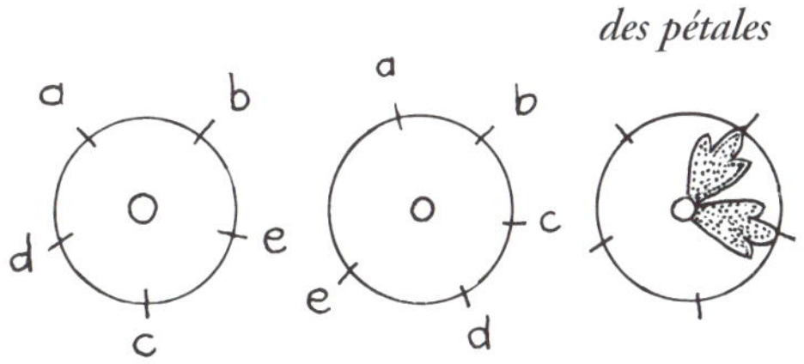

2. Les pétales. Prendre un pinceau fin et peindre les trois touches de chaque pétale à la peinture bleue pas trop grasse. Les premières touches verticales partent des points a, b, c, d et e, les touches latérales d'un peu plus bas (voir exercice précédent).
Peindre l'ensemble de chaque pétale avant de passer au suivant.

Au début, tournez légèrement l'assiette pour chaque pétale. Quand votre poignet et vos doigts seront assouplis, vous n'aurez plus à le faire à chaque fois.
Les pétales ne doivent pas entrer dans le cercle central réservé au vert du cœur de la fleur.
Les pétales ne doivent pas se toucher pour laisser place aux barbes pourpres.
Les pétales doivent tous se trouver dans l'axe des rayons, sinon la fleur aura l'air d'un « moulin à vent ».

3. Les barbes et les tiges. Préparer la peinture pourpre en travaillant longuement (environ 5 mn) le mélange peinture, térébenthine et essence grasse jusqu'à obtention d'une pâte bien lisse. Charger soigneusement le pinceau fin et peindre les barbes. Partir du cœur et dépasser légèrement les pétales. Veiller à maintenir le pinceau bien dressé pour que celles-ci soient extrêmement fines.

4. Peindre la tige à la peinture verte en tirant le pinceau vers soi. Le pinceau doit rester bien perpendiculaire à l'assiette et doit exercer une pression parfaitement régulière, plus ou moins forte selon l'épaisseur du trait désirée.
Pour un semis de barbeaux, les tiges font environ 4 cm de longueur et sont plus harmonieuses si elles sont légèrement arquées.

5. Les feuilles. *Feuilles droites :* Toujours avec le pinceau fin chargé de peinture verte, peindre les deux feuilles en déplaçant le pinceau dans l'axe de chacune d'elles (comme pour les pétales).

Le barbeau : les différentes étapes et les feuilles

Le geste. Pinceau dressé, piquer et tirer en écrasant progressivement la pointe de celui-ci pour le relever peu à peu jusqu'à la tige.
Feuilles pliées : celles-ci se réalisent en deux étapes. Le pinceau doit être légèrement de biais, manche incliné à 30 degrés du support (voir « la grosse goutte », p. 25).
Le geste. Pinceau dressé, peindre en pliant sa pointe puis en la redressant régulièrement vers la gauche jusqu'à la tige. La feuille se termine en pointe.
Tourner l'assiette pour réaliser la feuille de gauche, et partir vers la droite.
Pour le revers des feuilles, repartir de l'extrémité et donner un coup de pinceau plus court vers l'extérieur ou l'intérieur. Veiller à toujours terminer ces coups en pointe.

6. Nuances. Pour donner plus de volume aux feuilles, préparer deux teintes de peinture : vert et jaune. Charger le pinceau de vert en le tirant vers soi et le décharger du surplus comme indiqué étape 1, p. 24.
Avec le même pinceau chargé de vert, prendre une très petite pointe de peinture jaune en relevant le pinceau vers la gauche. Peindre les feuilles. Les deux teintes vont se déposer naturellement, en donnant des reflets jaunes ou verts plus ou moins accentués selon les quantités de peinture déposées sur le pinceau et selon sa position au moment où il touchera la porcelaine.

Prise d'une couleur secondaire

Le barbeau en décoration

EN SEMIS. Penser à varier leur position, queue en l'air, en bas ou à l'horizontale. On peut également peindre des fleurs incomplètes. Veiller cependant à ce que chacun des pétales soit toujours encadré de barbes et à ce que la queue parte bien du cœur vert.

EN GUIRLANDE. Pour décorer le bord d'une tasse ou d'une assiette.

EN BOUQUETS mêlant fleurs en bouton, épanouies ou même fanées. Placer les bouquets au centre de l'assiette, ou les décentrer en les arquant légèrement pour accompagner harmonieusement la ligne de la porcelaine.

Le filet de ce plat à tarte est en peinture métallisée grise.

Application

Cache-pot aux barbeaux

Voici un excellent exercice de petits coups de pinceau et mélanges de peintures pour ce cache-pot décoré de guirlandes à l'intérieur et de quatre branches de barbeaux à l'extérieur.
Vous pouvez faire un travail équivalent sur un cache-pot de forme ronde, sur une assiette ou sur un plat à tarte.

1. Commencer par l'intérieur du cache-pot. Marquer d'abord, à l'aide du cercle diviseur, la place des sept guirlandes. Dessiner les arcs inférieurs ainsi qu'un cercle pour le barbeau complet. Tracer les arcs supérieurs.

2. Préparer du bleu outremer 13 et peindre les barbeaux complets, puis les 3 pétales sur chaque arc supérieur.

3. Tracer au crayon les tiges des motifs extérieurs. Tracer ensuite des cercles d'1 cm pour marquer l'emplacement des fleurs complètes ou, pour les fleurs incomplètes, un chiffre indiquant le nombre de pétales à peindre.

4. Peindre au bleu 13 les fleurs. Commencer par les barbeaux complets, et finir par les autres pétales. Attention aux parties déjà peintes, le travail est un peu délicat…
Je vous conseille de prendre appui sur votre petit doigt posé sur un espace non décoré (vous ferez cela très souvent !).
Faire sécher au four de cuisine, à 200° C (voir étape 4, p. 35). À ce degré de cuisson, le bleu devient suffisamment solide pour faciliter le travail ultérieur, et le tracé au crayon des tiges est resté. Laisser refroidir avant de sortir la pièce.

5. Préparer du vert Empire et du jaune 60. Pour créer des nuances, charger votre pinceau en prenant d'abord du vert puis une pointe de jaune, ou inversement selon l'effet souhaité. L'harmonie de l'ensemble dépendra à la fois de ces mélanges et de la variété des feuilles (donnée par leurs formes, leurs longueurs et leurs orientations).

6. Peindre le cœur des barbeaux et les petites feuilles formant les arcs de l'intérieur du cache-pot. Peindre les feuilles en les tirant suffisamment sur la fin pour qu'elles forment les tiges. Cette astuce évite de tracer les tiges au préalable, et donc d'alourdir l'ensemble.

7. Faire sécher à nouveau au four de cuisine pour plus de tranquillité.

8. Préparer du pourpre riche et peindre les barbes entre les pétales, en partant du cœur pour obtenir des pointes très fines.

9. Faire cuire à 950° C.

Le myosotis

Le myosotis est une fleur aussi légère que le barbeau. Elle est utilisée pour les semis ou pour les guirlandes.

Le myosotis apprend à déplacer le pinceau horizontalement.

Le pétale

1. Sur l'assiette de porcelaine blanche, tracer au crayon gras plusieurs lignes horizontales parallèles. Le travail s'effectuera à cheval sur chacune de ces lignes.

2. Préparer une peinture bleue pas trop grasse et charger le pinceau fin. Peindre à cheval sur la première ligne une suite de petits pétales ronds. Quelle que soit son orientation, le pinceau se déplace toujours perpendiculairement à la ligne.

Le geste. Écraser et plier légèrement le bout des poils du pinceau en le déplaçant sur la ligne.

Position du pinceau. Celui-ci doit être dressé à 45 degrés de la surface de l'assiette. Attention, le manche ne doit pas être le seul à se déplacer perpendiculairement ! Déplacer l'ensemble en veillant à ce que les poils ne se couchent pas dans l'axe de la ligne.

Exercez-vous à donner ces petits coups de pinceau de droite à gauche, puis de gauche à droite. Il est très fréquent d'avoir une préférence pour un sens, mais savoir maîtriser les deux est indispensable.

BON

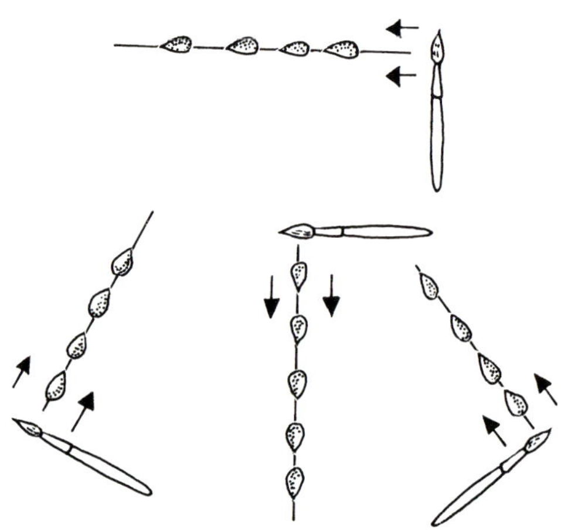

Dés à coudre, théières, assiettes, etc., toutes les miniatures sont faciles à décorer de petites fleurs ou de motifs symétriques. Ici, une pièce de la dînette présentée p. 54-55, agrandie.

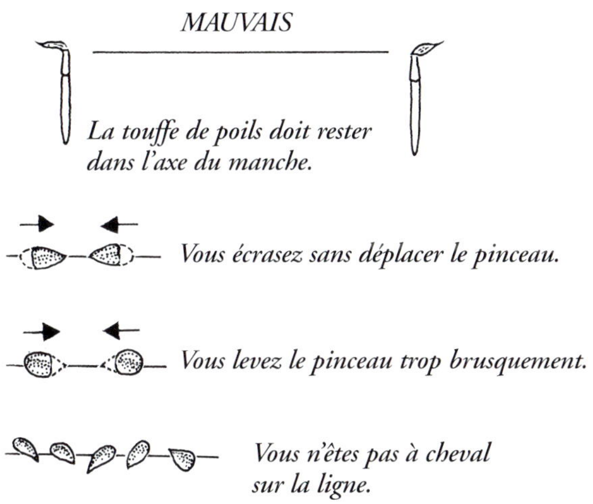

Si vous écrasez le pinceau sans le déplacer, vous ne formerez pas l'arrondi du départ.
Si vous soulevez trop brusquement votre pinceau, la touche se terminera en carré.
Vous obtiendrez peut-être une légère ombre à la fin du coup de pinceau; réjouissez-vous, elle donnera du volume à cette petite fleur sans prétention.

La fleur

1. Tracer au crayon gras sur l'assiette un petit cercle qui constituera le cœur de la fleur.

2. Avec le pinceau fin chargé de peinture bleue pas trop grasse, peindre les 5 pétales (ou 7). Charger le pinceau de jaune pour peindre le cœur.

3. La tige et les feuilles. Avec le pinceau fin chargé de peinture verte, peindre la tige, puis les petites feuilles. Pour celles-ci, on utilise le même coup de pinceau que pour le pétale; il faut seulement redresser le pinceau à la fin pour obtenir une pointe.

La pâquerette

Les marguerites et les pâquerettes, généralement blanches, ressortent mieux sur des feuilles ou sur fond putoisé (voir p. 116 s.).
Leurs pétales sont proches de ceux du barbeau (voir étape 2, p. 38).
Vous pouvez les employer en semis, en bouquets ou en guirlandes.

Pour progresser dans votre apprentissage, je vous propose de peindre une pâquerette de couleur un peu stylisée, et commençant à se faner.
La pâquerette apprend à arquer légèrement le coup de pinceau du barbeau.

La fleur

1. Tracer au crayon gras un cercle de 10 mm de diamètre sur l'assiette de porcelaine. À l'intérieur de celui-ci, tracer un ovale d'environ 2 mm de longueur très nettement décentré vers le haut du cercle.

2. Préparer du rose 17 et charger le pinceau fin. Retourner l'assiette : on commence en effet par peindre les pétales du bas.
La première touche, semblable à celle du barbeau, part du bord du cercle en son milieu, et se termine en pointe perpendiculairement au bord de l'ovale. Les touches suivantes – 2 à 5 – partent également du bord du cercle mais sont légèrement arquées et de plus en plus petites vers la droite et la gauche du premier pétale. Les touches 2 et 3 encadrent le premier pétale, les touches 4 et 5 arrivent à chaque extrémité de l'ovale.

3. Retourner à nouveau l'assiette et peindre les pétales du haut. Les touches, extrêmement courtes, doivent combler l'intervalle entre le cercle de base et l'ovale. Les pétales ne doivent pas se toucher.
D'une manière générale, les coups de pinceau partent de l'arrondi, ce qui facilite à la fois l'appui et l'arrivée en pointe.

4. Peindre le cœur à votre idée – ici en jaune – en l'ombrant légèrement d'un côté. Pour ce faire, utiliser plutôt du vert, le rouge étant mangé par le jaune à la cuisson.
Peindre la tige et les feuilles en vert et jaune comme pour le barbeau et le myosotis.

En bouquet ou en semis, les fleurs ne doivent pas être identiques pour garantir un meilleur effet.

Le mouron stylisé

Le mouron est une fleur des champs aux minuscules pétales bleus ou rouges, qui s'emploie en semis ou en guirlandes.
Je vous propose ici une représentation très stylisée de cette fleur, d'exécution rapide.

La réalisation du mouron stylisé demande un coup de pinceau particulier qui est un compromis entre celui du barbeau et celui du myosotis. Un premier exercice, réalisé à plus grande échelle, vous apprendra à maîtriser le geste.

Grand plat avec armoiries mises en valeur par une guirlande de petites fleurs

La touche

1. Tracer au crayon gras quelques ovales de 10 mm de diamètre environ sur l'assiette ou sur le carreau à essais.

2. Avec le pinceau fin chargé de peinture bleue ou rouge, suivre la ligne dessinée en écrasant légèrement celui-ci sur les longueurs, et en le soulevant au contraire à chaque extrémité. Le pinceau doit toujours rester dressé.

3. Lorsque le mouvement est bien maîtrisé, tracer de plus petits ovales – 3 mm environ – et répéter l'opération. Peindre ensuite les ovales sans tracé préalable, et dans différentes directions.

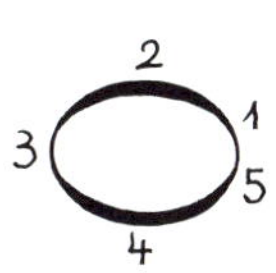

1. Piquer 2. Écraser 3. Relever 4. Écraser 5. Relever.

La fleur

1. Avec le pinceau fin chargé de peinture bleue ou rouge, peindre deux à trois ovales tangents les uns aux autres.
Avec la peinture jaune, peindre un petit point au centre de chaque ovale pour créer le cœur.

2. Avec le pinceau fin chargé de peinture verte, peindre la tige. Celle-ci part de chaque extrémité des fleurs et sa ligne doit être assez souple.

3. Les feuilles. Elles sont petites et assez rondes, comme celles du myosotis (voir étape 3, p. 45). Elles sont faites par un petit coup de pinceau écrasé au départ et allant finir en pointe à la tige.

Pensez à rafraîchir et à travailler souvent votre peinture.
Pensez également à rafraîchir votre pinceau.

L'œillet de Grenoble

Cet œillet simple, dressé sur une tige semblable à celle de l'œillet de poète, est facile à peindre.
On utilisera les mêmes couleurs que pour la petite rose – rose carmin et pourpre.

La fleur

Le pétale. Avec le pinceau fin, effectuer une série de petits coups de pinceau tangents en partant du cœur. Ceux-ci doivent être de plus en plus courts en s'éloignant du centre du pétale, ce qui lui donnera une forme ovale.

Faire autant de coups de pinceau que de pointes sur le pétale. Partir systématiquement du cœur.

La fleur. Cet œillet compte cinq pétales de formes très variées, qui se chevauchent parfois. Pour donner du volume à la fleur, créer un dégradé du pourpre au rose.
Le bouton a une forme allongée avec des sépales vert-jaune, qui le recouvrent presque en totalité.
Toujours avec le pinceau fin chargé du mélange vert-jaune, peindre la tige et les feuilles. Celles-ci sont assez fines, pas très longues et forment une petite bosse sur la tige à leur naissance.

L'œillet de poète

L'œillet de poète se peint toujours en groupe, comme il se présente d'ailleurs dans la nature. Vous pourrez le joindre à un plus gros bouquet. Par contre, cette fleur ne s'emploie jamais en semis.

Le pétale

1. Tracer au crayon gras sur l'assiette deux cercles concentriques de 13 et 5 mm maximum de diamètre.

Entre ces deux cercles se répartiront sept à huit pétales composés chacun de cinq coups de pinceau contigus. Ces pétales ressemblent à ceux du barbeau en moins pointus.

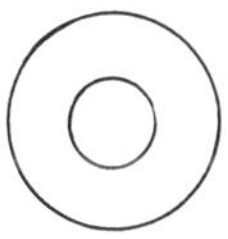

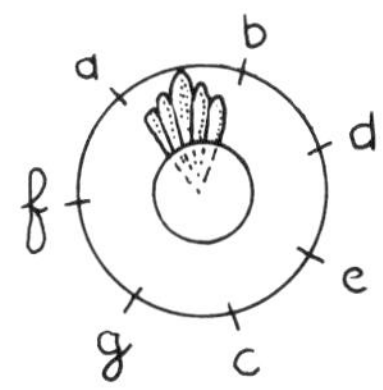

2. Avec le pinceau fin chargé de peinture pourpre, peindre la première touche du pétale selon un axe allant au centre du cercle intérieur. Cette première touche part du bord du cercle extérieur.
Répéter l'opération deux fois à droite – chaque coup de pinceau partant un peu plus bas que le précédent –, puis deux fois à gauche. Attention : tous les coups de pinceau sont arrondis au départ.

Les fleurs

1. Tracer au crayon gras sept cercles de 15 mm de diamètre sur l'assiette de porcelaine pour former un bouquet. Ici, certains se chevauchent légèrement.
Tracer les cinq cercles intérieurs de 7 mm de diamètre.

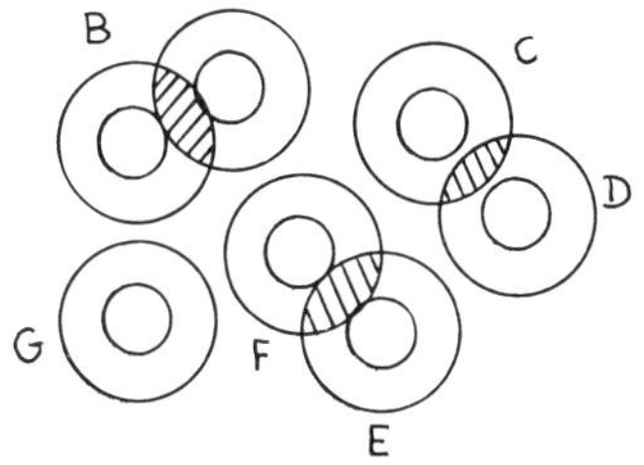

Les parties hachurées indiquent les parties à délaquer.

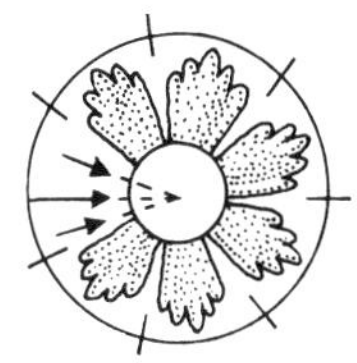

Placement des pétales sur la fleur agrandie

2. Commencer le bouquet en peignant d'abord la fleur A. Avec le pinceau fin chargé de peinture carmin, peindre 7 à 8 pétales, tous égaux. Veiller à conserver un espace très fin entre chaque pétale.

S'il reste un petit espace entre le premier et le dernier pétale, donnez un dernier petit coup de pinceau mais ne cherchez jamais à serrer les pétales.

Procéder de la même manière pour peindre les fleurs C et E.

3. Avec votre gros pinceau rafraîchi et essuyé, effacer la partie hachurée des fleurs A, C et E (voir le schéma de l'étape 1).

Ce procédé d'effacement vous servira couramment lorsque vous aurez besoin de superposer deux feuilles ou deux fleurs : en effet, il faut toujours commencer par celle du dessous avant d'effacer l'emplacement prévu pour celle du dessus.
Cette méthode peut également servir à supprimer quelques erreurs... mais n'en abusez pas, c'est une mauvaise habitude !
Ne rincez jamais votre pinceau à l'alcool, qui abîme les poils. N'oubliez pas de l'essuyer sur un chiffon pour éviter que la térébenthine bave, abîmant ainsi la partie que vous désirez conserver.

Peindre ensuite les fleurs B, D, F et G.

4. Les tiges. Les peindre au pinceau fin chargé de peinture verte. Elles partent de chaque fleur et se réunissent quelques centimètres plus bas en une seule tige plus épaisse.

Les feuilles sont longues et effilées aux deux bouts. Avec le pinceau fin chargé de peinture verte, piquer le pinceau à trois ou quatre centimètres de la tige. Tirer en écrasant graduellement le pinceau dans la direction de celle-ci, puis le soulever progressivement pour arriver en pointe sur elle. Veiller à ne pas arriver à la perpendiculaire sur la tige, ce qui serait à la fois inélégant et peu naturel.
Les feuilles roulées se terminent en un, voire en deux coups de pinceau du même type, mais arqués et plus courts.

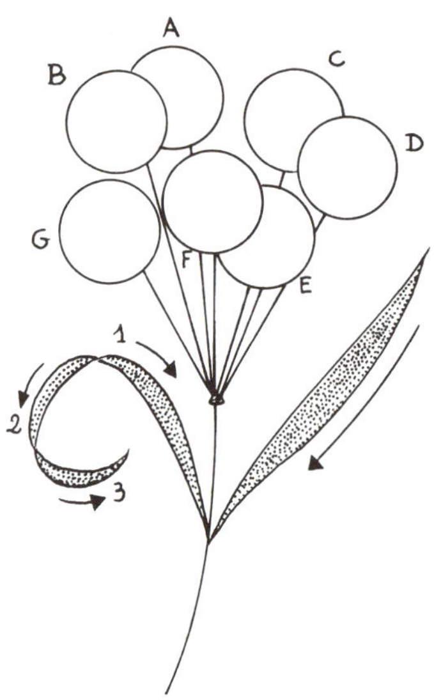

Comment rattacher les fleurs et les feuilles à la tige

5. Pour la fleur de profil, les coups de pinceau sont différents. Avec le pinceau fin chargé de peinture pourpre, peindre le premier pétale : piquer, écraser, puis soulever en tordant légèrement ce pétale. Grouper ces coups par six ou sept; ils partent de l'extérieur et se réunissent au cœur en se chevauchant un peu.
Terminer la fleur en ajoutant à sa base trois sépales avec le pinceau fin chargé de vert.

La petite rose

La rose est très employée, notamment dans les décors anciens, de Paris ou de Nyon.
Elle se peint généralement en carmin – elle est alors plus délicate à réaliser –, mais peut également se faire en bleu.

La préparation des couleurs

Le pigment rose ne supporte aucune épaisseur : en effet, placé ainsi, il s'écaille à la cuisson ou devient orange. Pour réaliser les ombres, on emploiera donc un pourpre.
Ces deux couleurs, comme d'ailleurs le violet, sont fabriquées à base d'or. Elles demandent à être travaillées très longuement et énergiquement afin que l'or ne reste pas granuleux, ce qui est du plus mauvais effet.

Vous observerez que le rose (même s'il se nomme pourpre de rose ou carmin) exige bien plus de pigment que les autres couleurs; habituez-vous à en préparer un peu plus.
Par contre, ne préparez pas trop de pourpre puisqu'il ne sert généralement qu'à ombrer ou à foncer un peu le rose.

Enfin, ne soyez pas surpris par les couleurs obtenues : plus brunes que roses, elles ne donneront leur aspect réel qu'après la cuisson. C'est d'ailleurs l'une des difficultés de leur emploi : il faut leur faire confiance !

Carmin. Déposer le pigment rose avec la spatule sur la palette de verre (environ 3 à 4 pois). Humecter et travailler avec la térébenthine, puis ajouter l'essence grasse (voir p. 23 s.). Travailler le mélange à la spatule au moins cinq minutes jusqu'à obtention d'une pâte lisse. La peinture doit parfaitement glisser à l'essai sans pour autant être délavée.
Pourpre. Préparer de même une petite quantité de pourpre (environ 1 pois).
Couleur intermédiaire. Elle est constituée par le mélange des deux préparations (environ 3/4 de rose pour 1/4 de pourpre).

La fleur

1. Avec le pinceau fin chargé de peinture rose, peindre des petits ronds de 5 à 7 mm de diamètre.
Le geste. Commencer par le haut du cercle en écrasant les poils du pinceau en éventail (1), descendre doucement vers la gauche sans diminuer la pression et remonter en redressant progressivement le pinceau (2) pour fermer le rond et finir en pointe (3).

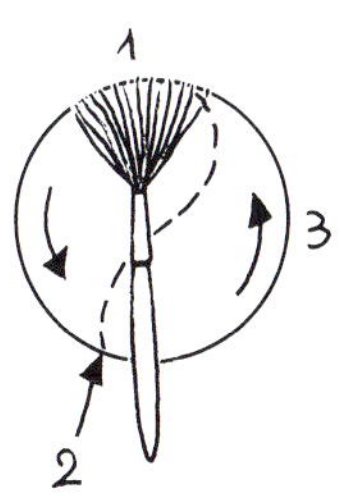

Exercez-vous au préalable sur l'assiette à essais. Faites des lignes de ronds. Au début, ceux-ci ne seront pas parfaits ! Aidez-vous éventuellement d'un tracé préalable au crayon gras, mais sachez qu'avec un peu d'entraînement, vous maîtriserez vite cette technique.

2. Sur ces cercles roses, avec le pinceau fin chargé maintenant de peinture pourpre, marquer le cœur par de tout petits coups de pinceau successifs donnés en forme de « c ».

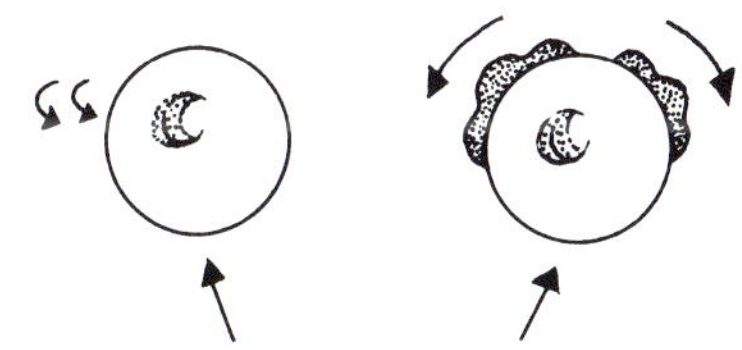

Le cœur et les pétales arrière en pourpre

Avec cette même teinte, peindre le haut de deux pétales de part et d'autre de la partie supérieure du cercle. Pour cela, piquer, puis écraser et relever le pinceau sur une longueur de 2 à 3 mm. Les pétales doivent être seulement suggérés. Ils doivent s'arrêter avant la première moitié du cercle pour laisser la place aux pétales suivants et ne doivent pas pénétrer à l'intérieur de celui-ci.

Attention. Suivez bien le bord du cercle dès le départ... pour ne pas obtenir des « cornes » !

3. Avec la couleur intermédiaire, peindre les deux pétales de face. Ceux-ci partent de l'extérieur en direction de la base. Ils doivent être élégants, asymétriques et peuvent même couper le cercle.

Habituez-vous à varier les formes des pétales et à ne pas les faire trop raides.

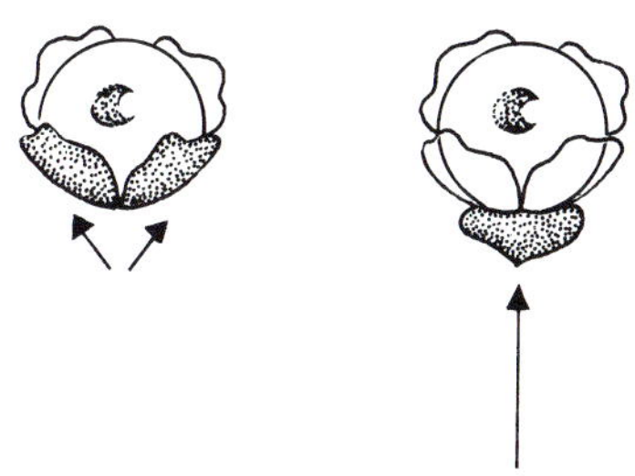

Étape 3.
Pétales de couleur intermédiaire

Étape 4.
Pétale frontal rose

Huilier avec plateau à guirlandes rehaussé d'un bord à l'or

4. Rincer le pinceau et l'essuyer avant de le charger de rose. Peindre le ou les pétales du bas qui peuvent avoir différentes formes ou positions. Un pétale horizontal doit partir assez près de la partie inférieure du cercle; un pétale retombant part d'un peu plus bas pour remonter jusqu'au cercle.

Cette technique est évidemment une base théorique : à vous de l'interpréter! Vous pouvez par exemple nuancer le cœur pourpre mais, dans tous les cas, la symétrie est à proscrire. Cette petite rose a tout son charme si elle est spontanée, c'est-à-dire non travaillée. Ne dépassez donc pas les 7 à 8 coups de pinceau pour sa réalisation.

5. Le bouton. Par une simple touche de pourpre, représenter l'ensemble des pétales fermés (procéder comme pour la petite feuille mais un peu moins écrasée).
Retourner le bouton. Avec le pinceau fin chargé du mélange vert-jaune, peindre les

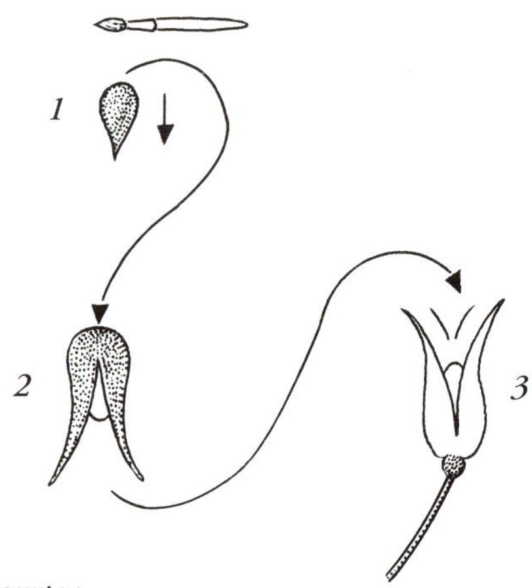

1. En pourpre.
2. Retourner; peindre 2 et 3 en vert + jaune.

sépales. Ils se chevauchent à leur base et se terminent en deux pointes très fines et évasées. Pour finir, ajouter, toujours en vert, une petite boule à la base des sépales et deux petits traits à l'opposé. Ces derniers suggéreront les sépales arrière.

6. On peut grouper les petites roses : les peindre plutôt par trois en plaçant les cœurs à l'extérieur. Elles sont alors très rapprochées, ce qui laisse peu de place pour les pétales frontaux.

7. Que les roses soient isolées ou groupées, les entourer de quelques petites feuilles. Pour leur exécution, voir le pétale du myosotis (p. 44 s.). Le coup de pinceau est le même, mais les feuilles sont un peu plus grosses et pointues. Partir de la tige vers l'extérieur et terminer en pointe.
En semis, la rose porte une petite queue d'environ 1 cm sur laquelle on peut placer une ou deux feuilles.

Un bon exemple de l'utilisation des petites fleurs (détail de la boule à parfum présentée p. 124)

Les graminées

Les graminées sont du plus bel effet dans des bouquets de fleurs sauvages qu'ils peuvent alléger. Vous ajouterez des « fuyants », qui habillent parfaitement l'ensemble.

Technique

Le geste de base est, là encore, celui du barbeau : écraser, tirer et relever. Le coup de pinceau est simplement plus gras au départ et plus effilé sur la fin. Partir, bien entendu, de la tige.

Avec un pinceau fin chargé de peinture brun-jaune, exercez-vous à effectuer ces petits coups de pinceau dans différentes positions ; variez également leur épaisseur et leur pointe.

C'est leur position par rapport à la tige qui va permettre de créer les différentes variétés de graminées.

Réalisation

Seigle. Les touches sont dressées un peu en biais de part et d'autre d'une tige, et effilées sur plusieurs millimètres.
Épi de blé. Les touches sont placées de la même façon mais plus rapprochées et moins effilées.
Avoine. Encore plus légère, elle demande de faire des tiges très fines et recourbées au bout desquelles pendront les grains, moins nombreux. Tous ces épis sont réalisés avec un pinceau fin chargé de brun-jaune et/ou de jaune.
Les « fuyants » sont de très longues feuilles extrêmement fines, peintes en gris bleuté très pâle.

Application

Pour cette dînette de porcelaine, il vous faudra employer sept couleurs : bleu outremer 13, bleu indien 69, rouge égyptien 24 ou capucine 22, rose carmin 17, pourpre 19, vert Empire (ou 102), jaune 60.

1. Le service comporte cinq types de fleurs (barbeaux, myosotis, pâquerettes, mourons et roses). Les numéroter de 1 à 5 et indiquer par un numéro leur emplacement sur chaque pièce.
La théière porte un bouquet principal de barbeaux au recto, de roses au verso.

2. Préparer une quantité suffisante de carmin et de pourpre pour pouvoir peindre toutes les roses en une seule fois. Pour plus de tranquillité, laisser sécher avant d'entamer la peinture des motifs suivants.
Peindre tous les barbeaux en bleu 13 et laisser sécher à nouveau.
Préparer le rouge 24 et peindre pâquerettes et mourons.
Terminer par les myosotis en bleu indien.

3. Avec le reste de pourpre, faire les barbes des barbeaux.

4. Préparer maintenant du vert et du jaune. Peindre tous les cœurs en jaune (myosotis, mourons et pâquerettes), exceptés ceux des barbeaux qui se font en vert.
Avec ces deux teintes en doubles prises, peindre l'ensemble des tiges et des feuilles.
Faire sécher l'ensemble.

5. Préparer les guirlandes des grandes assiettes par un tracé préalable : pour cela, prendre le crayon gras entre le pouce et l'index en calant le crayon dans la paume de la main. L'extrémité de l'index doit suivre l'extérieur de l'assiette. Veillez à maintenir toujours le crayon dans la même orientation.
Le tracé doit être à égale distance du bord.
Répéter cette opération sur le plat et le couvercle du légumier.
Ce procédé vous sera toujours utile pour peindre un filet sans tournette sur des pièces ovales ou carrées.

6. Peindre les guirlandes sans tiges, la pointe des feuilles en faisant office. Ajouter les points de rouge.

7. Avec le pinceau chargé de vert et tenu à l'horizontale, border les tasses.

8. Fileter les soucoupes à main levée, et ajouter la goutte bien centrée sur les anses.

9. Faire cuire à 950° C.

Miniatures. Hauteur : 5 cm

1- Peindre le tube.
2- puis les 4 coups AR
3- enfin, les 4 coups AV plus étroits.
pinceau bien dressé
pour les feuilles : piquez, écrasez et relevez.
Dans un bouquet, mettez des fleurs vues de dessous au milieu des autres.
Cyclamen partir de l'extérieur
Campanule
partir de l'extérieur
La campanule est une fleur très légère dont les tiges font travailler les tracés très fins au pinceau.
Sauf sur certaines faïences, méfiez-vous des rouges vifs.
Faites les étamines noires au sucre. Elles réapparaissent à la cuisson.

3

Grandes fleurs et feuilles

Liseron - Coquelicot - Œillet - Capucine - Clématite - Feuilles rondes - Tulipe - Rose - Souci des jardins - Reine-marguerite

De nombreux décorateurs, pour peindre les grandes fleurs, procèdent en multipliant les cuissons. J'aimerais au contraire vous apprendre à les réaliser en une ou deux fois, et ceci pour trois raisons.

La première est que l'on ne possède pas toujours un four et qu'il est encore moins facile de porter à cuire. De surcroît, dans ce cas, il faut souvent attendre assez longtemps avant de pouvoir poursuivre le travail. La deuxième raison est plus essentielle : lorsque l'on a bien travaillé, on éprouve une grande joie à faire naître une fleur sous son pinceau en quelques minutes. Celle-ci sera peut-être moins parfaite, mais tellement plus spontanée et personnelle ! Enfin, la dernière raison est qu'une erreur faite sur une ébauche cuite ne pardonne pas ; elle est parfois très difficile à dissimuler.

Pour ce chapitre, vous travaillerez principalement avec le gros pinceau, qui doit se déplacer et se maîtriser exactement comme le petit.

Le liseron

Le liseron est une fleur plus modeste que la rose mais qui, seule ou mêlée en bouquet aux autres grandes fleurs de ce chapitre, vous permettra rapidement de fort jolies décorations. Qu'elles soient volubilis ou ipomée, toutes demandent le même « coup de patte ».

Le liseron apprend la maîtrise du gros pinceau et des grandes plages de couleur.

Ombres et dégradés

1. Vous avez dû remarquer lors de vos précédents essais de peinture (chapitre « Peinture à l'encre grasse », p. 24 s.), qu'un pinceau bien chargé, avec une teinte bien préparée, permettait de donner plusieurs coups de pinceau en fondu comportant une ombre légère.

Procéder de la même manière en chargeant le gros pinceau avec deux teintes de peinture grasse (vert + jaune, ou vert + brun).

Attention. Il s'agit d'une double prise, comme celle indiquée à l'étape 6, p. 40.

2. Effectuer une première touche (voir « la grosse goutte », p. 25) sur l'assiette ou sur le carreau à essais ; cette touche doit être la plus foncée. Décharger un peu le pinceau et poser la deuxième touche en chevauchant légèrement la première, et ainsi de suite jusqu'à obtenir un dégradé harmonieux.

Vous apprendrez peu à peu à exploiter ces ombres et dégradés. Beaucoup de travail en perspective, mais aussi beaucoup de satisfactions !

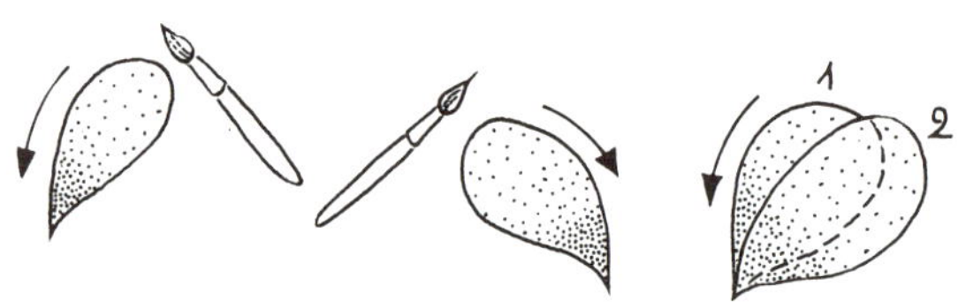

Ne rechargez pas le pinceau ; la partie droite doit être plus claire que la gauche.

MAUVAIS

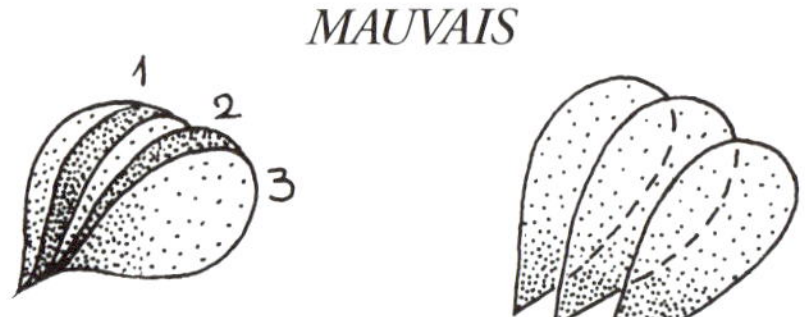

bourrelets *3 pointes*

3. Avant de passer à la réalisation du liseron, répéter l'exercice avec un pinceau chargé de peinture bleue.
Pour cela, charger une seule fois le pinceau avec une peinture pas trop dure, c'est-à-dire moyennement mouillée, et effectuer à la suite quatre gouttes séparées. Si le dégradé de la teinte n'est pas sensible, décharger un peu le pinceau entre chaque goutte.
Répéter l'opération en chevauchant légèrement les gouttes. On doit obtenir un léger dégradé de bleu.

Veillez à ne pas avoir de traces d'épaisseur au passage du pinceau. Si tel est le cas, c'est :
– soit que votre peinture est trop maigre et les coups se fondent mal ;
– soit que votre pinceau n'est pas assez couché sur la porcelaine : vous repoussez alors la peinture de la première touche avec la pointe du pinceau en effectuant la deuxième ;
– soit enfin qu'en vous appliquant trop, vous appuyez sur le pinceau au lieu de caresser la porcelaine.
Ne tentez pas de réaliser des fleurs sans avoir réussi cet exercice : le résultat vous décevrait et vous seriez obligé d'effacer l'ensemble. Si le résultat vous paraît bon, commencez la fleur.

La fleur

Il faut imaginer et arriver à représenter un cornet vu d'abord par le dessous, puis par le dessus.

1. Fleur de liseron vue de dessous. Avec un crayon gras, tracer un ovale coupé par ses deux axes, puis deux lignes partant, en léger arrondi, des extrémités du plus grand axe. Ces deux lignes doivent être symétriques par rapport au petit axe prolongé vers le bas.

Exercez-vous à dessiner de jolis ovales. Les premiers seront peut-être un peu grands; veillez à ne pas dépasser 20 à 25 mm pour le grand axe. L'ovale doit avoir une forme elliptique régulière. Portez une attention particulière à ses extrémités afin qu'il ne soit ni trop rectangulaire, ni trop pointu, ni asymétrique par rapport à son petit axe.

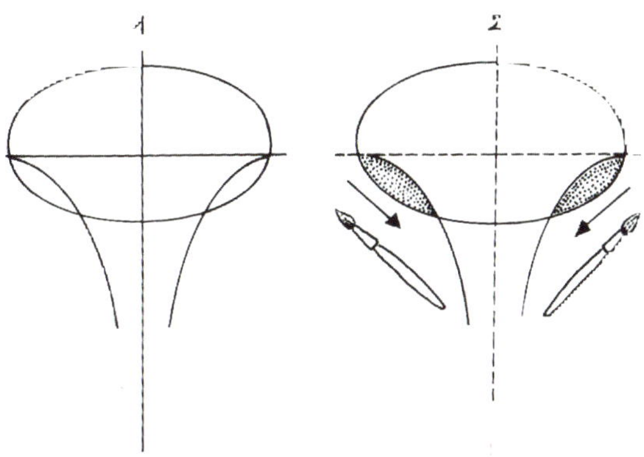

2. Avec le pinceau chargé de peinture bleue, peindre l'arrière de la fleur en deux petites touches de chaque côté de l'ovale; celles-ci correspondent aux endroits les plus foncés du schéma.

3. Bien observer le schéma et placer le pinceau toujours chargé de peinture bleue juste au bord de l'ovale du côté gauche, selon l'orientation indiquée. Pousser le pinceau vers la droite en arrondissant et en soulevant peu à peu l'arrière des poils pour ne garnir qu'un quart de la corolle et du tube de la fleur.
Effectuer ensuite les deux touches suivantes, de haut en bas et presque droites, en partant également du bord de l'ovale. Pour cela, écraser et soulever peu à peu le pinceau comme précédemment.
La quatrième touche est symétrique à la première, du côté droit de l'ovale : tirer vers la gauche.

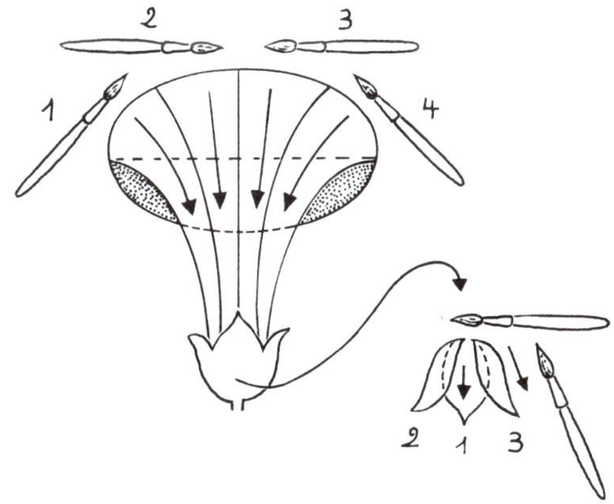

Vous rencontrerez peut-être des difficultés. Veillez à soulever votre pinceau juste assez pour ne pas déborder sur les petites touches de la partie arrière de la fleur. De même, ne travaillez pas trop avec la pointe du pinceau afin d'éviter les marques disgracieuses entre chaque touche (bourrelets). Si vous avez pensé à décharger votre pinceau entre les touches, vous obtiendrez normalement un dégradé de teintes.

4. Les sépales. Avec le pinceau humecté et essuyé (voir « œillet de poète », p. 49), effacer aussitôt la partie basse du tube de la fleur destinée à recevoir les sépales. Charger ensuite le pinceau de deux couleurs – vert et jaune, ou vert et noir – et, après avoir retourné la fleur, peindre les sépales.
Commencer par celui du centre. Écraser et déplacer le pinceau vers le haut en le soulevant à la fin du geste pour obtenir la pointe (c'est le même coup de pinceau que pour la petite feuille; voir « myosotis », p. 44). Peindre ensuite les sépales de profil, sans écraser mais en ajoutant une légère torsion.

5. La tige, assez fine, se tortille et se casse par endroits; elle est donc facile à peindre puisqu'il est inutile de la tirer en une seule fois. Ajouter des vrilles, qui doivent être très fines et sont plus délicates à effectuer à cause des boucles.

Pensez à travailler pinceau totalement dressé.

6. Les feuilles se font en deux coups de pinceau un peu particuliers.

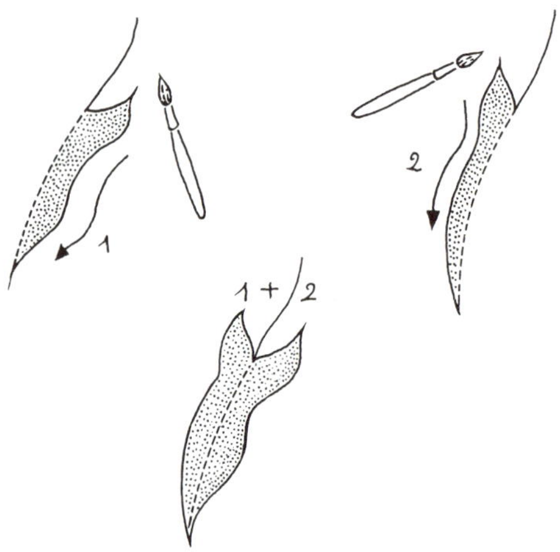

La pointe du pinceau fait une trace rectiligne.

Incliner très légèrement sur la droite le pinceau toujours chargé de deux couleurs. Le piquer et l'écraser légèrement en arrière pour le premier arrondi, le soulever un peu et l'écraser à nouveau pour obtenir le deuxième arrondi. Terminer la touche en le soulevant progressivement pour réaliser la pointe.
Déporter le pinceau à gauche pour l'autre côté.

Au début, pour plus de facilité, tournez un peu la porcelaine.
Si vous n'arrivez pas à faire cette feuille, modifiez un peu l'orientation du pinceau.
Notez enfin que la pointe du pinceau doit marquer suffisamment la nervure centrale, pour ne pas avoir à retoucher la feuille.

7. Le bouton. Avec le crayon gras, tracer un axe vertical. Piquer un peu à gauche de cet axe puis, en déportant légèrement le pinceau sur la gauche, écraser et soulever en tirant vers soi, pour finir en pointe légèrement à droite de l'axe. Effectuer trois ou quatre coups semblables en dessous les uns des autres, tangents et de plus en plus gros. Effacer la base pour peindre les sépales et faire la tige.

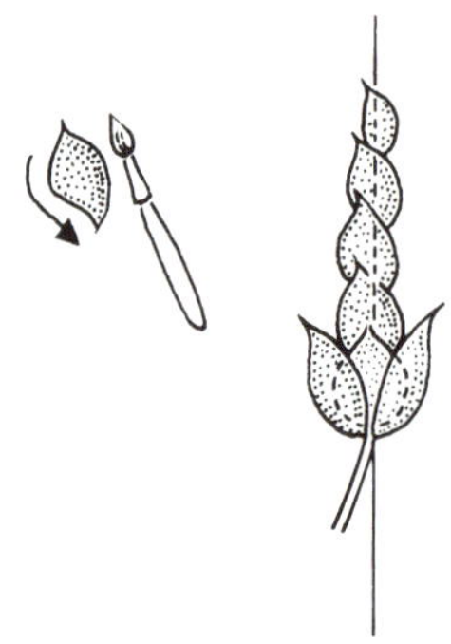

Si votre pinceau est correctement chargé, il laisse une ombre légère qui marque les pétales enroulés.

Fleur de liseron vue du dessus

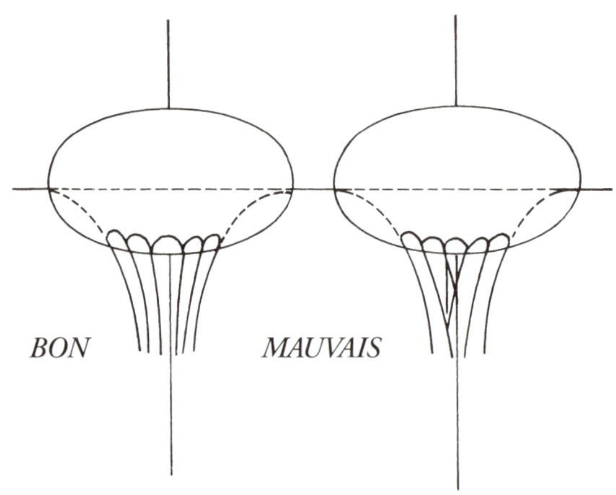

Ne pas recharger le pinceau et délaquer les départs.

8. La forme étant la même, tracer au crayon gras l'ovale de base sur la porcelaine.
Peindre d'abord le tube caché par la corolle. Commencer dans l'ovale et effectuer cinq ou

six touches étroites en dégradé. Veiller à ce que les coups de pinceau épousent la forme en cornet ; droits, ils se recouperaient sans élégance ou formeraient un cornet un peu trop large à sa base.
Effacer les parties hachurées du bas de l'ovale et l'emplacement des sépales avant de poursuivre le travail.

9. Peindre l'arrière de la corolle par des coups de pinceau identiques à ceux donnés à l'étape 3, mais la touche est plus courte ; elle ne doit pas dépasser le grand axe et doit suivre l'arrondi de la flèche pour les touches 1 et 4.

Veillez, au départ de vos touches, à bien suivre le tracé de l'ovale pour ne pas donner au liseron un bord déchiqueté.

10. Pour suggérer un cœur jaune, essuyer l'intérieur de la corolle en donnant quelques coups de pinceau très fins et plus ou moins longs (si l'on plaçait du jaune directement sur le bleu, on obtiendrait un cœur verdâtre).
On peut au contraire ne rien essuyer pour garder une fleur unicolore ; c'est également fort joli.

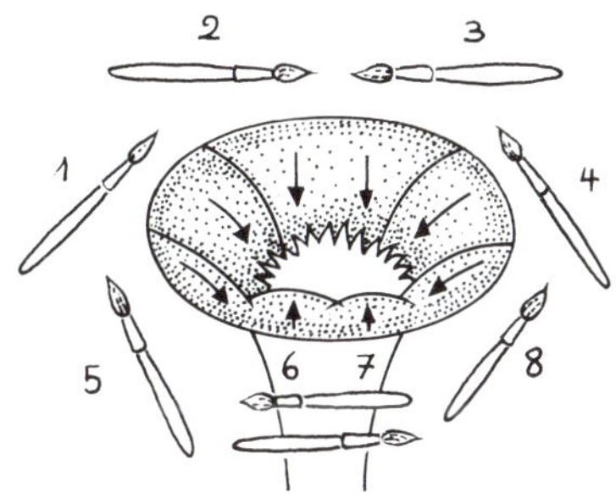

Délaquer sur l'arrière et peindre l'avant.

11. Peindre l'avant de la corolle ; celui-ci est nettement plus étroit que l'arrière puisque, pour l'élégance de la fleur, on la représente en semi-profil. Pour les coups 1 et 4, veiller à placer le pinceau comme indiqué sur le schéma et à suivre le mouvement des flèches : il faut donc d'abord monter, puis redescendre vers le cœur.
Pour les coups 2 et 3, placer le pinceau à l'horizontale et déplacer celui-ci de bas en haut (et non, malgré l'étroitesse des touches, de droite à gauche) pour aller au cœur.

Que ce soit pour l'arrière ou pour l'avant, n'oubliez pas qu'en peignant vous devez toujours vous diriger vers le cœur de la fleur, et peindre plus sombre à gauche qu'à droite.

Compléter la fleur – sépales, tige, feuilles – comme expliqué précédemment.

Les fleurs de pommier ont le même coup de pinceau que le coquelicot. La difficulté consiste à obtenir un rouge très pâle.

Le coquelicot

Le coquelicot est une fleur qu'il faut renoncer à peindre en rouge vif – sauf sur la faïence. Sur la porcelaine, cette teinte ne donne de bons résultats qu'en épaisseur (ce qui rend impossibles nuances et éclairages) ou cuite à faible température (donc en dernier, ce qui n'est pas toujours facile).
Elle est cependant fort jolie, seule ou au milieu d'un bouquet de fleurs champêtres, même réalisée en rouge de fer ou en rouge capucine.

Le rouge est une teinte extrêmement couvrante. N'hésitez pas, pour les parties les plus claires, à mouiller la peinture. Veillez, dans ce cas, à décharger soigneusement le pinceau pour ne pas finir « en goutte ».

La fleur

Le coquelicot comporte quatre grands pétales ; ceux-ci ne peuvent donc pas être réalisés en un seul coup de pinceau.

N'hésitez pas à faire des exercices de pétales séparés pour obtenir à la fois un bon fondu et une bonne orientation des coups de pinceau.
Ne cherchez pas trop à représenter cette fleur vue d'en haut ; elle est nettement plus jolie sous tous ses profils.

1. Les étamines. Commencer par placer les étamines ; celles-ci se font à la plume et à la peinture au sucre (voir p. 19 s.). Tracer de nombreux petits traits fins – non parallèles – munis à leur extrémité d'un petit point ou petit trait court (voir schéma ci-contre). Ces étamines seront recouvertes de rouge, mais le noir réapparaîtra, tout aussi brillant, à la cuisson.

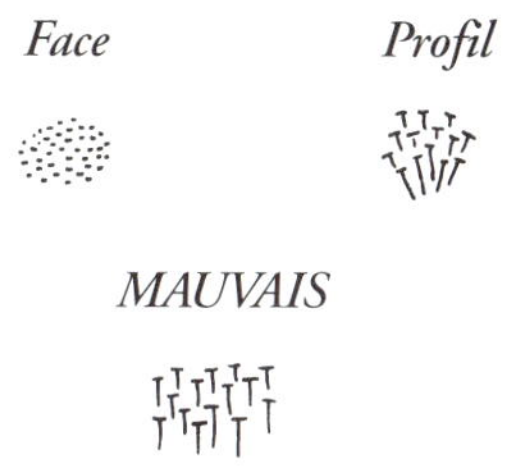

Étamines réalisées avec le serti noir au sucre

2. Les pétales. Je vous propose, sur le schéma ci-dessous, plusieurs sortes de pétales et de fleurs.
Quel que soit le modèle retenu, commencer toujours par le pétale partiellement caché. Le peindre plus sombre et en entier, puis effacer la partie qui doit être recouverte par un autre pétale (si vous êtes assez rapide, ne pas reprendre de peinture ou même décharger le pinceau).

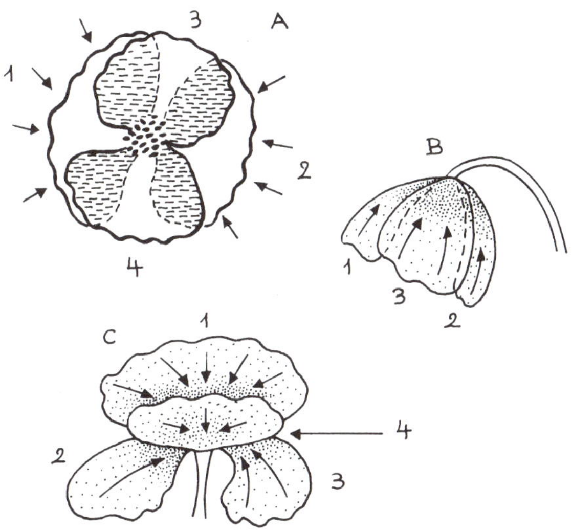

Tous les coups vont vers le cœur.

Veillez à respecter le sens des flèches de façon à bien suggérer l'arrondi des pétales.

Pour la fleur C, commencer par le pétale 1 : tous les coups de pinceau partent de l'extérieur. Peindre ensuite le pétale 2 : partir de l'extérieur et remonter à droite tout en relevant le pinceau pour arriver en pointe; les coups de pinceau sont assez voisins de ceux de la « grosse goutte » (voir chapitre 3, p. 25). Procéder de même pour le pétale 3, mais à gauche.

Donnez, bien sûr, une certaine variété aux bords extérieurs ondulés de vos pétales.

Terminer par le pétale 4 dont on a nettoyé l'emplacement au début. Il recouvre très légèrement le haut des pétales 2 et 3.

3. Revers de pétales ou de feuilles. On peut, sur les pétales les plus sombres, indiquer un ou deux petits revers en éclaircissant une partie retournée. Sur les pétales plus clairs, le revers devra naturellement être plus foncé.

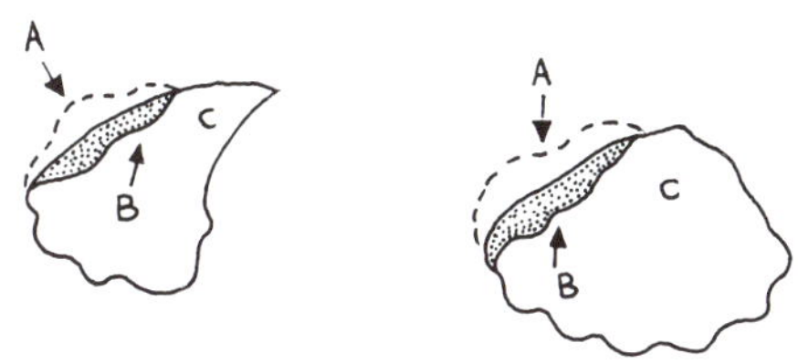

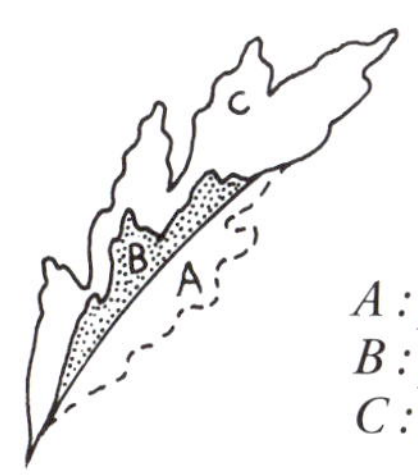

A : partie délaquée sur C
B : partie repliée
C : pétale complet

Qu'ils soient sur les pétales ou sur les feuilles, ces revers se doivent d'être logiques; représentez-vous donc le pétale ou la feuille à plat, et imaginez la partie qui va se retourner.

Bien entendu, pensez qu'il ne s'agit pas d'une feuille de papier et allez en mourant un peu en arrondi aux extrémités. Je vous suggère de faire d'abord quelques croquis au crayon pour bien comprendre que la partie que vous comptez éclaircir correspond presque exactement à celle que vous devrez effacer.

4. Bouton, sépales, tige et feuilles. Le **bouton** du coquelicot est fait d'une petite pointe rouge encadrée de sépales allongés et poilus. Pour ces poils, effectuer de minuscules et très fins coups de pinceau du même vert que les sépales, et de façon un peu irrégulière.

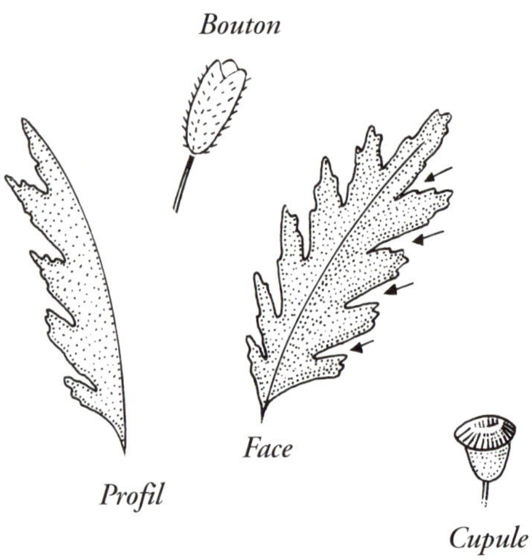

Tiges et cupules sont poilues comme le bouton. Il est intéressant de peindre la cupule contenant les graines du coquelicot fané et effeuillé : faire deux coups écrasés et formant un ovale. Coiffer cet ovale de très petits coups de pinceau, avec le jaune.

La **feuille** de coquelicot est découpée. Elle se peint en plusieurs touches partant de l'extrémité et légèrement arrondies. Ces coups de pinceau vont tous vers la nervure centrale jusqu'à la tige. Ils doivent se fondre les uns les autres à la moitié de leur longueur, comme sur le schéma ci-contre. Ne pas trop appuyer sur le pinceau pour éviter les bourrelets.

L'œillet

Le gros œillet de fleuriste se peint le plus souvent de profil.

Il s'inscrit dans un cercle de 30 à 35 mm de diamètre, dont les trois quarts seront couverts par les pétales, le dernier étant réservé aux sépales (voir schéma).

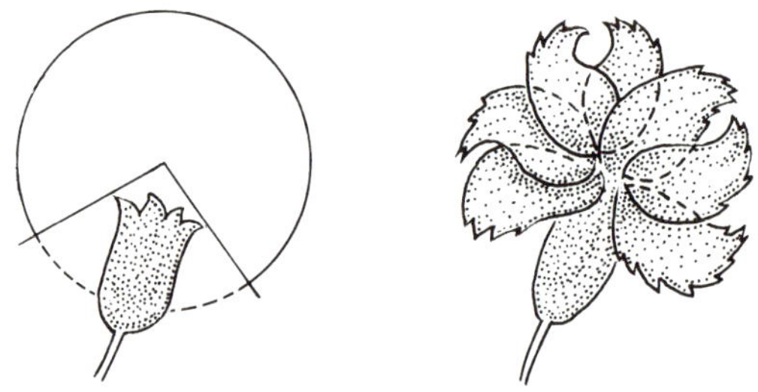

Le pétale

Chaque pétale est peint en une seule touche, partant du cœur et venant se coucher à peu près sur le cercle.

1. Piquer le pinceau au cœur du cercle, puis plier les poils pour qu'ils s'écrasent tout en créant un arrondi sur le bord, selon la flèche. Pour finir, relever progressivement le pinceau le long du cercle.

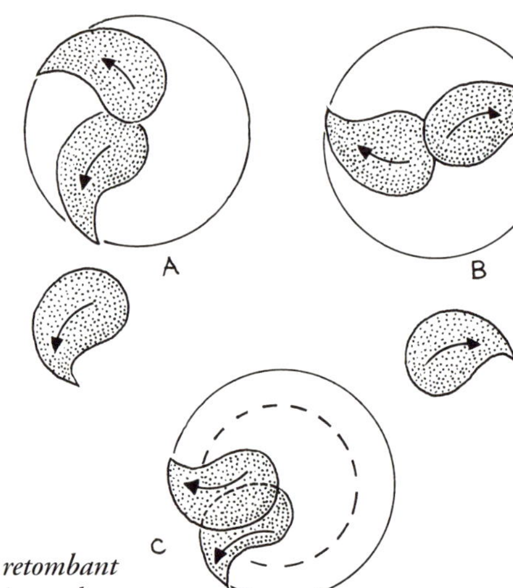

A : retombant à gauche
B : remontant à droite
C : couvrir les 3/4 du cercle

N'hésitez pas à vous exercer, avant de vous lancer dans la peinture de votre première fleur, à faire de nombreux pétales isolés (sans qu'il soit nécessaire de tracer des cercles).
Remarquez que ce sont des « grosses gouttes », mais qui se tordent assez nettement à l'arrière pour se coucher sur le cercle (imaginaire ou pas !).
Je vous conseille d'en dessiner un certain nombre et de vous obliger à en couvrir la surface avec un seul coup de pinceau.

2. Les pétales sont tantôt retombants – à gauche (A) –, tantôt remontants – à droite (B) –; mais ils doivent tous avoir un mouvement tournant et être assez écrasés au départ pour garnir les trois quarts intérieurs du cercle (C).

L'œillet sera plus joli si vous utilisez ces deux pétales inversés.
Si vous éprouvez des difficultés, dessinez des cercles qui vous serviront de guide, et obligez-vous à finir chaque coup de pinceau sur ce cercle.
Veillez également à ce que les pétales ne soient pas trop grêles (comme sur le schéma de la page 67, étape 1, à droite).

3. Dès que la forme du pétale est satisfaisante, il faut « l'ébouriffer ».
Pour cela, peindre un nouveau pétale sur l'assiette à essais. Avant que la peinture ne sèche, tirer celle-ci vers l'extérieur en trois ou quatre petits coups de pinceau qui formeront les dentelures.

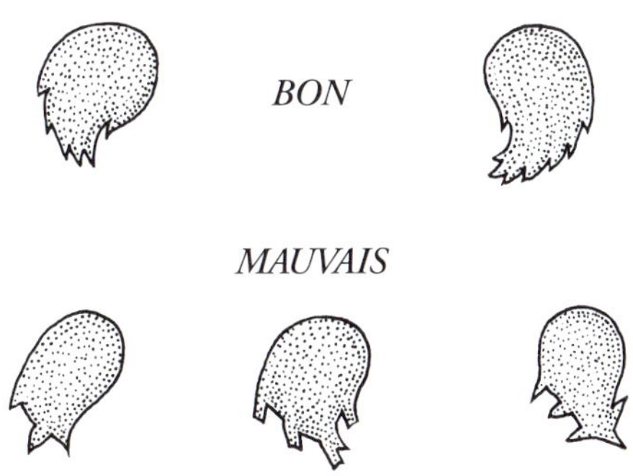

Les dentelures sont inélégantes.

ATTENTION : n'appuyez pas trop, ces coups doivent seulement frôler la peinture pour que le pétale ne soit pas marqué par chacun d'eux. En appuyant trop fort avec la pointe du pinceau, vous délaqueriez la peinture au lieu de l'étaler.
Ne donnez pas de coups trop fins, et tirez la peinture en orientant ces petits triangles dans le sens du pétale.

4. Il faut maintenant vous habituer à peindre des revers de pétales éclairés. Ces pétales se font en effaçant la peinture sur les pétales foncés.

La partie la plus rectiligne est toujours vers le cœur.
Veillez à bien commencer et finir en pointe.

Pour commencer, procédez avec de la couleur pour apprendre à maîtriser le coup de pinceau sans abîmer les gros pétales et obtenir de jolies formes de revers.

Toujours sur l'assiette à essais, piquer le pinceau chargé d'une teinte quelconque et l'écraser doucement en le courbant légèrement; repartir du début et, sans écraser, détacher un second coup puis un troisième jusqu'à obtenir une dentelure plus accentuée que pour le gros pétale.
Faire des revers de différentes grandeurs et de courbures variées, comme indiqué sur le schéma ci-contre.

Veillez à obtenir une dentelure harmonieuse : les dents doivent être allongées le long du premier coup de pinceau tout en s'en écartant légèrement.
Dès que vous aurez attrapé « le coup de main », passez à la réalisation de votre œillet.

Carreau de l'œillet et de la capucine

La fleur

Vos pétales dentelés vous conviennent ?

1. Grouper ceux-ci dans un cercle comme sur le schéma ci-dessous, en peignant six ou sept pétales orientés tantôt à droite tantôt à gauche pour éviter l'uniformité.

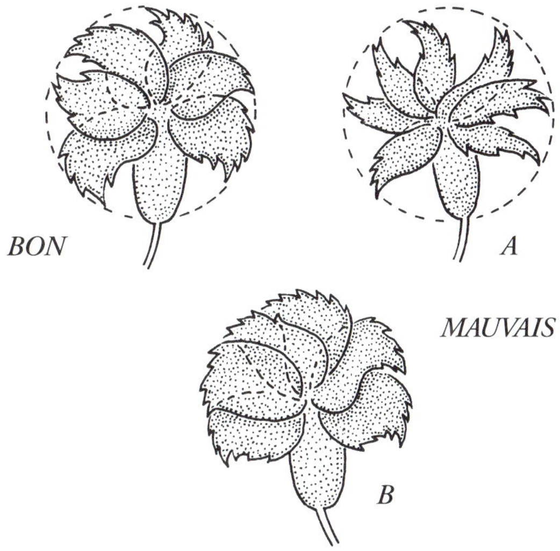

A. Pétales trop grêles
B. Pétales trop serrés (ils couvrent l'ensemble du cercle)

2. Avant que la peinture ne sèche, délaquer avec un pinceau propre pour obtenir les revers de pétales éclairés (reproduire les formes proposées sur le schéma de la page 66).
Attention : nettoyer régulièrement le pinceau pour qu'il reste propre et puisse enlever la peinture des revers.

Tous ces revers n'ont pas la même forme, et tous ne partent pas forcément du centre du cercle. Ne vous croyez pas obligé d'en faire un par pétale : l'œillet comporte bien plus de six ou sept pétales ! N'en faites pas trop non plus…
Si, en délaquant ces revers, vous enlevez toute la peinture, ils seront pratiquement blancs. Si vous ne l'enlevez qu'en partie, vous obtiendrez une teinte intermédiaire que vous pourrez d'ailleurs tirer un peu en dehors des pétales foncés (voir schéma ci-contre, en haut).

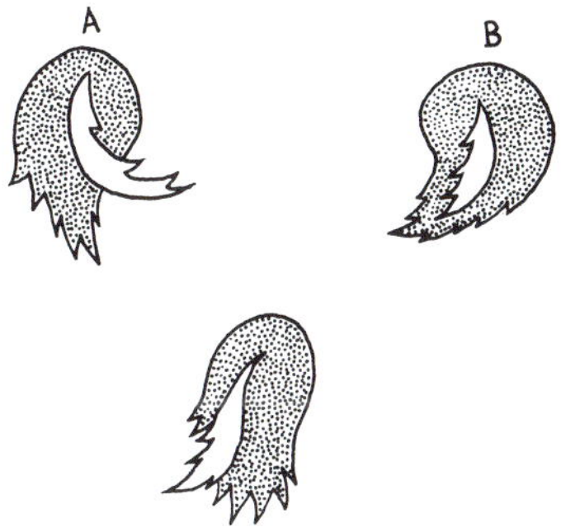

S'il sort du cercle peint, le revers peut apparaître en pâle sur la porcelaine.

3. Couleur. Les œillets peuvent se réaliser en jaune (que l'on peut relever de brun jaune), en rose, en violet ou en rouge de fer – jamais en bleu –, mais c'est en pourpre qu'ils sont les plus beaux. En effet, plus ils sont foncés, plus les pétales éclairés leur donnent du volume. Attention à la préparation de votre peinture pour les roses, les pourpres et les violets !

4. Cas particuliers.

L'œillet blanc doit être peint sur fond de couleur – par exemple sur une feuille de tulipe dans un bouquet –, ou légèrement ombré de gris sur certains bords afin de le faire deviner ; mais il est beaucoup plus difficile à réaliser.

L'œillet vu de dessus. Il s'inscrit dans un ovale voisin d'un rond et, quoique plus difficile à réaliser, il se travaille comme l'œillet de profil.

Tous les revers tournent autour du cœur décentré.

Garnir tout l'ovale de gros pétales de couleur. Prévoir le cœur un peu décentré ; le marquer par de petits revers, très arqués et imbriqués les uns dans les autres. Entourer ensuite ce cœur de revers plus grands et généralement plus épais. C'est la position de tous ces revers éclairés qui permet de représenter la fleur.
Cet œillet, bien entendu, ne montre pas ses sépales.

5. Tiges, boutons, calice et feuilles.
Pour les tiges – assez raides – et les boutons, reportez-vous à l'œillet de Grenoble (p. 48) en respectant naturellement les proportions.
Sur le calice, visible sur l'œillet de profil, les sépales sont soudés. Peindre le calice en deux à quatre coups de pinceau allongés et fondus, en respectant les dentures visibles.

Le calice

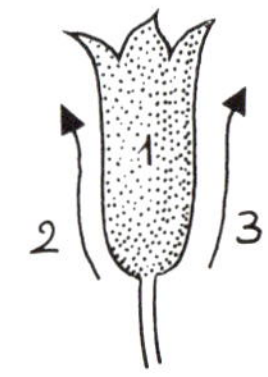

Pour les feuilles, suivre les indications données pour l'œillet de poète (voir p. 50) en les peignant plus grandes ; marquer les nodosités à la naissance des feuilles.
Lorsqu'elle est droite, la feuille, quoique grande, doit être peinte en un seul coup de pinceau (piquer, écraser et relever). La feuille qui se boucle se fait au contraire en deux, voire trois touches.
Pour peindre ces différents éléments, utiliser soit du vert-noir et du gris, soit du vert 102 et du noir (ces teintes doivent toujours être préparées séparément).

Flacon à parfum

Lampe aux capucines

La capucine

Cette fleur comporte toujours cinq pétales et se peint, suivant les marques utilisées, en brun-jaune, brun-croûte ou chamois (Schira) ; en brun-bois clair 87, brun-jaune 29 ou rouge capucine 22 (Schjerning) ; en capucine ou brun-orange (Ateliers Créatifs).

Ne prenez pas d'orange car, comme le rouge vif, cette couleur se cuit à basse température et ne donne pas toujours de bons résultats. De même, ne mélangez pas le brun-jaune et le rouge : le premier mange le second.

Les pétales

Avant de peindre des fleurs, exercez-vous à réaliser des pétales pour apprendre à bien manier votre pinceau. Observez la forme très particulière de ceux-ci : sur le pétale vu de face, on voit nettement l'attache longue et « barbue ».

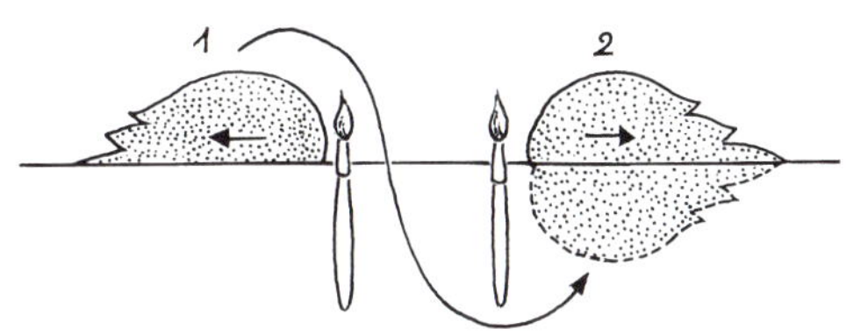

Pétales vus de face : l'axe est droit.

1. Pétales vus de face. Tracer l'axe central et déplacer le pinceau perpendiculairement à cet axe (comme pour le myosotis).
Chaque pétale se peint en deux fois :
1) Partir du bord arrondi en pliant et écrasant un peu le pinceau, puis de plus en plus et ceci de droite à gauche. Pour finir, reculer le pinceau vers soi en soulevant l'arrière pour réaliser l'attache (seule la pointe du pinceau reste pliée).

2) Retourner l'assiette et peindre l'autre moitié de gauche à droite.

Répétez ces exercices. Vous remarquerez probablement que vous êtes plus à l'aise d'un côté que de l'autre : il est toutefois préférable de pouvoir faire les deux !
Ce mouvement est un peu curieux mais, correctement exécuté, il va vous apprendre à savoir ce que vous faites avec le dessous de votre pinceau. Celui-ci ne doit pas déposer trop de peinture en dessous de l'axe car alors, le deuxième coup ne pourrait se fondre au premier. Vous obtiendriez une marque épaisse et disgracieuse sur un pétale qui doit, au contraire, être lisse et sans nervure centrale.

Barbes. Une fois le pétale peint et avant que la peinture ne sèche, il faut tirer les barbes comme pour l'œillet (voir étape 3, page 65), sans appuyer pour qu'elles fassent partie intégrante du pétale.

2. Pétales vus de profil ou demi profil. On les peint en utilisant la touche de la « grosse goutte fondue ». C'est l'arrondi des coups de pinceau qui donne du volume à la fleur et, même si les attaches des pétales sont invisibles, on doit voir clairement qu'ils se rattachent au cœur.

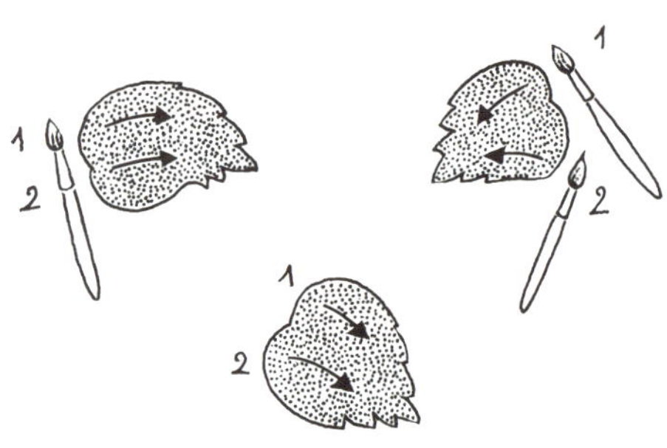

Pétales vus de profil : l'axe est plus ou moins courbe.

3. Le pétale frontal est plié, donc ovale, et son attache est cachée. Il se fait en deux touches légèrement arrondies et partant toujours de l'extérieur. Comme pour le liseron, elles vont créer une ombre légère vers la pliure.

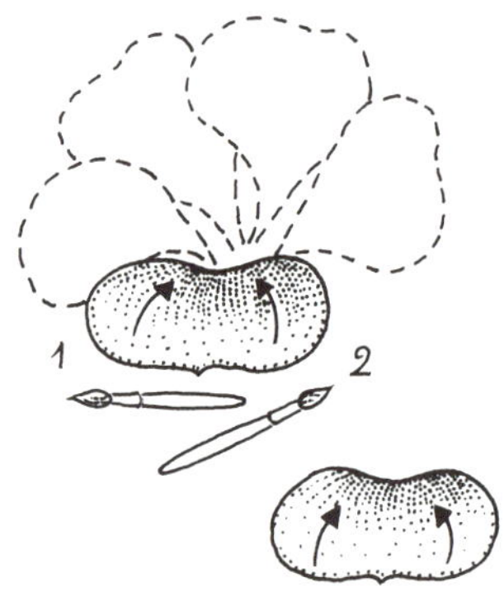

Pétale frontal : une ombre se dépose sur la pliure.

La fleur

On peut employer ces fleurs et leurs boutons en guirlandes, par exemple sur un plat de manière asymétrique, ou au contraire sur l'aile d'une grande assiette.

Détail du décor d'un plateau à fromage

La capucine vue de face montre peu les attaches de ses pétales.
Vue franchement de profil, elle montre des sépales très caractéristiques prolongés par une sorte de pédoncule (toujours à peindre en vert et jaune, avec très peu de vert).

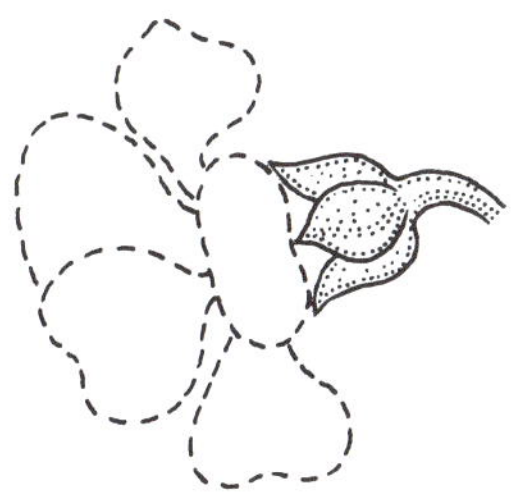

Le pédoncule

Placer d'abord les fleurs et les boutons, puis les tiges, assez nombreuses et emmêlées. Terminer en ajoutant des feuilles de tailles variées, de manière à garnir l'ensemble.

Les feuilles. Elles sont à peu près rondes, mais souvent vues de profil et donc ovales. Il y en a de très petites. Elles sont souvent partiellement pliées et superposées (effacer la place pour la feuille de dessus).

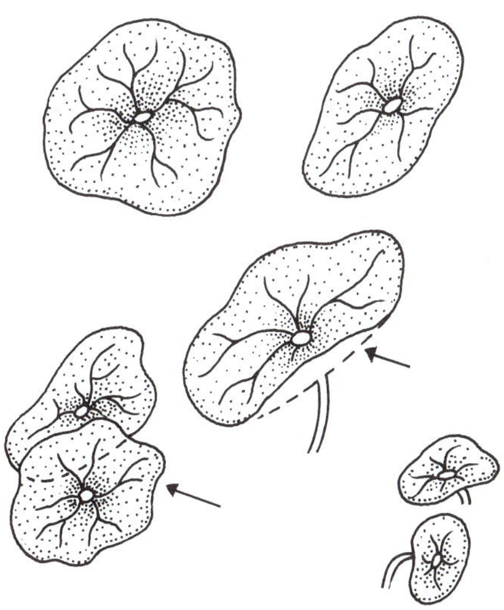

Délaquer pour les revers.

Effacez d'abord l'emplacement des feuilles après avoir disposé et peint les tiges. Je vous conseille d'utiliser deux, voire même trois teintes, pour éviter l'aspect « grosses taches ».

Peindre chaque feuille avec le plat du pinceau très couché sur la porcelaine, en partant de l'extérieur et en soulevant progressivement le pinceau vers le centre. Attention à ne pas travailler de la pointe pour laisser le minimum de traces entre les coups (on peut éventuellement atténuer celles-ci avec un pinceau à putoiser manié délicatement).
Pour finir, avec la pointe d'un pinceau propre, délaquer à partir du centre les nervures qui, sans être blanches, apparaîtront plus claires que la feuille.

La clématite

Une autre plante grimpante, qui peut être utilisée de la même façon que la capucine (assiette, plat, bord extérieur d'un saladier ou encore pied de lampe…).

Grand plat creux

La clématite a de quatre à six pétales.
Rose, pourpre, violette ou d'un bleu assez clair, elle se peint à petits coups allant en biais vers la nervure centrale, un peu comme pour la tulipe. Les pétales sont assez plats et leur nervure centrale peut être jaune ou pourpre.
Pour représenter les pétales en semi-profil, il suffira de leur donner une forme moins allongée. Le pétale frontal est légèrement raccourci. Contrairement à la capucine, les fleurs se groupent généralement par deux ou trois (ou en grand nombre pour les clématites à petites fleurs roses).

Les étamines qui éclairent ces fleurs un peu plates ont une grande importance : il faut les peindre en brun et jaune après avoir dégagé leur emplacement par de nombreux petits coups de pinceau propre partant du cœur, et finissant très pointus.
Les tiges sont grêles, brunes, mais moins nombreuses que pour les capucines.
Les boutons ont la forme de la « grosse goutte », mais plus raides et moins larges.
Les feuilles ont la forme d'un cœur plus ou moins allongé (voir ci-dessous).

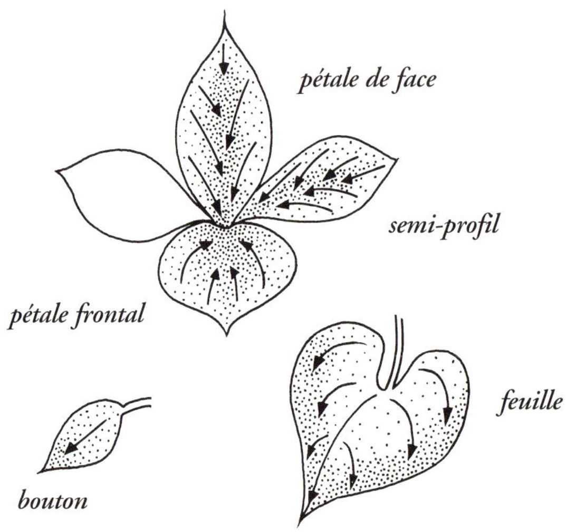

Les grandes feuilles rondes

Elles se peignent pour la plupart en sept à neuf coups de pinceau, mais peuvent offrir une grande variété de formes et de couleurs.

La feuille de base

1. Il faut d'abord tracer au crayon la feuille et sa nervure centrale, bien verticale.

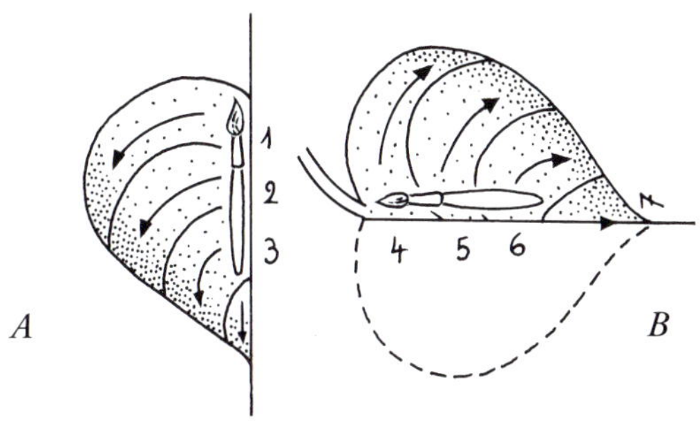

2. Placer le pinceau bien garni, mais pas exagérément chargé, en haut vers la tige et le long de l'axe comme indiqué sur la figure A.
En écrasant bien les poils le long de cet axe, remonter un peu vers la gauche, puis soulever en arrivant au bord de la feuille ; la touche doit garnir la partie indiquée en 1 sur le schéma.
Replacer le pinceau un peu plus bas et effectuer à nouveau le même mouvement une ou deux fois, en chevauchant légèrement les coups de pinceau et sans laisser d'épaisseur entre chaque passage.

3. Tourner ensuite l'assiette à essais de manière à placer la nervure centrale à l'horizontale.
Positionner à nouveau le pinceau le long de l'axe, comme indiqué sur la figure B, et peindre en remontant un peu vers la gauche, puis nettement à droite. Effectuer ainsi un ou deux coups supplémentaires.

4. Redresser la feuille dans la position de départ, pour la terminer par une dernière touche verticale (partie indiquée en 7). Ce coup, écrasé au départ et terminé en pointe, joindra les deux parties de la feuille.

Vous rencontrerez peut-être quelques problèmes au début...

1. Si vous couvrez la demi-feuille en sept ou huit coups, ce qui est trop.

2. Si vous laissez des traces d'épaisseur entre chaque passage du pinceau.
Dans ce cas, soit vous ne travaillez pas avec toute la longueur des poils : votre pinceau n'est pas bien couché et la pointe repousse la peinture du coup précédent; soit votre pinceau est trop chargé : veillez à ce que vos traces suivent bien la même ligne et partez bien le long de la nervure sans déposer de peinture au-delà de celle-ci.

3. Si les passages se recoupent. C'est qu'ils n'ont pas la même orientation; veillez là encore à bien partir le long de la nervure qui, ainsi, se marquera d'elle-même.

4. Si vous n'arrivez pas à diminuer la longueur de vos coups. Dessinez alors au crayon la totalité de la feuille, pour vous obliger à relever le pinceau le long du bord. Peu à peu, vous prendrez l'habitude de relever le pinceau en le tirant très légèrement vers vous, pour obtenir un passage plus court.
Enfin, une fois encore, que votre application ne vous amène pas à trop appuyer sur votre pinceau : il faut au contraire caresser la porcelaine.

MAUVAIS

1. Trop de coups *2. Bourrelets*

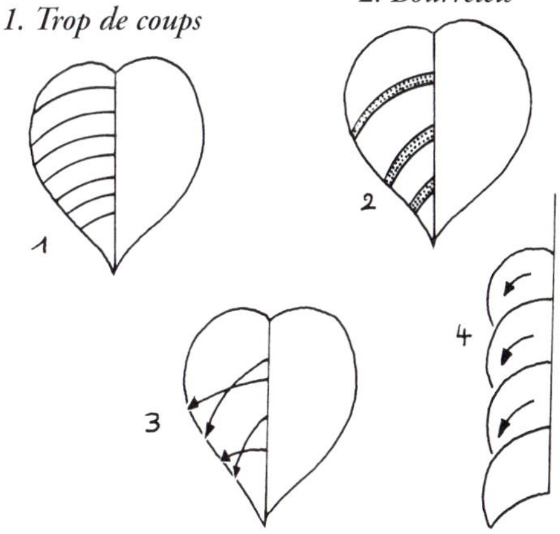

3. Coups croisés *4. Les coups ne diminuent pas.*

Faites, pour vous convaincre de cette dernière difficulté, plusieurs essais :
Lors du premier, appuyez fermement le pinceau et observez la feuille obtenue : le début ne paraît pas assez coloré (parfois, il peut même être presque blanc) et brusquement, la fin montre une épaisseur. L'effet est particulièrement disgracieux.
Lors du deuxième essai, détendez-vous et caressez la porcelaine avec votre pinceau pour réaliser la même feuille que précédemment. Observez-la : elle doit être plus colorée et vous devez obtenir une ombre régulière de plus en plus intense. Naturellement, une touche légère ne suffit pas ; il faut aussi que la peinture soit souple et bien mélangée, et le pinceau soigneusement chargé.

Faites fréquemment ces exercices (avec un reste de peinture par exemple, au lieu de le jeter), et vous arriverez, sans avoir à les dessiner, à faire de jolies feuilles aux formes et à l'orientation différentes.

Pour « varier les plaisirs », cherchez à les superposer (schéma ci-contre), ou à les plier (schéma ci-dessous). C'est la diversité de leurs couleurs (plus ou moins de vert, de jaune ou de vert-noir) de leurs places et de leurs formes qui donnera du relief et de la vie à vos compositions.

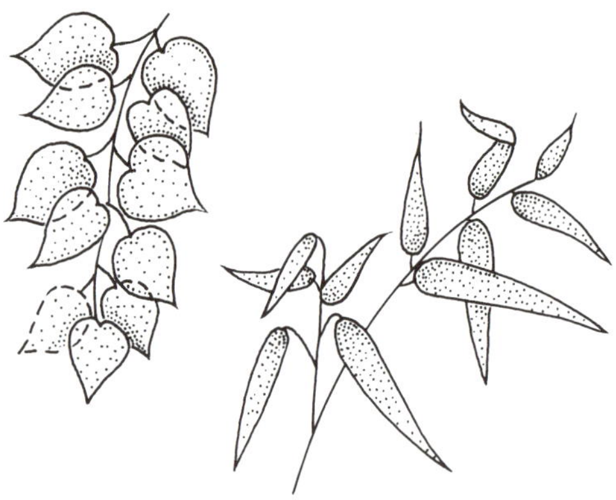

Exemples de superpositions de feuilles

Feuilles repliées. Le rebord extérieur des feuilles est indiqué en gras. Contrairement à la nervure centrale, il dessine une ligne continue. Les parties hachurées sont à peindre en plus clair ou plus foncé que la feuille.

Travail des grandes feuilles

Tracez toujours la nervure centrale pas forcément rectiligne. Au début, tracez aussi le contour.

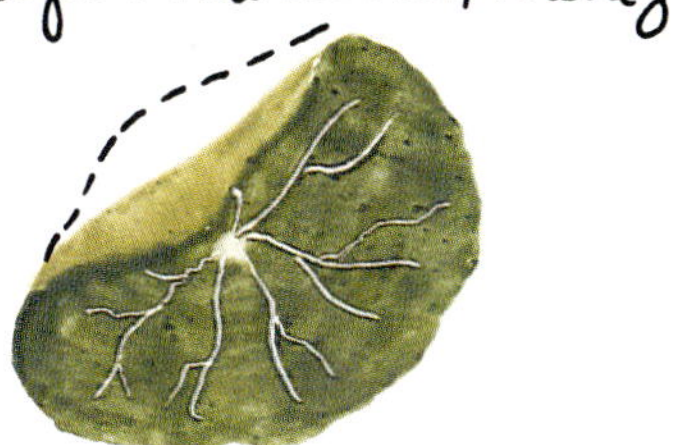

Pas trop de coups. Chevauchez-les légèrement en couchant le pinceau. De même, n'appuyez pas trop ; vous feriez des bourrelets... pas des nervures !

Rechargez à chaque fois le pinceau en variant les couleurs, toujours avec une double prise.

Attention ! Faire des coups bien allongés.

prenez toujours plusieurs couleurs

les 3 parties se fondent

Commencez par les feuilles du dessous.

piquez, écrasez, relevez

Un pinceau bien chargé permet de peindre des feuilles très longues.

La tulipe

Cette fleur, lorsqu'elle n'est pas épanouie, s'inscrit dans un ovale en forme d'œuf (voir schéma ci-contre), mais elle n'est décorative et amusante à peindre que dans toutes les phases de son épanouissement.
La tulipe simple, aux pétales peu découpés, aura facilement l'air un peu « pataud »; mais elle est jolie dans un bouquet. De même que la tulipe très fermée et encore très raide au bout de sa tige, en forme d'œuf assez pointu, qui, elle, peut ressortir dans un bouquet de fleurs plus souples.
La tulipe perroquet, avec ses pétales plus ou moins découpés et échevelés, est plus amusante à peindre.

Rouge, jaune ombré de brun-jaune, violet foncé, jaune avec du rose ou du pourpre... toutes les teintes – sauf le bleu – sont permises. Pour la tulipe rouge et jaune, employez plutôt du pourpre, car les rouges de fer seraient mangés par le jaune. Si vous ne désirez pas mettre de pourpre, réservez sur le jaune l'emplacement prévu pour le rouge de fer.

Il est préférable de la peindre en deux ou trois couleurs. Utilisez pour cela une peinture parfaitement travaillée, mais pas trop grasse.
Veillez à toujours commencer par les pétales arrière, d'ailleurs un peu plus sombres.

La fleur

C'est l'orientation des coups de pinceau qui va donner du volume à cette fleur et suggérer l'arrondi en forme d'œuf, notamment du pétale frontal.
Sur chaque pétale, il est essentiel de distinguer sans exagération ces traces de coups. Naturellement, ils doivent se placer côte à côte sans se recouper (ce qui serait illogique).

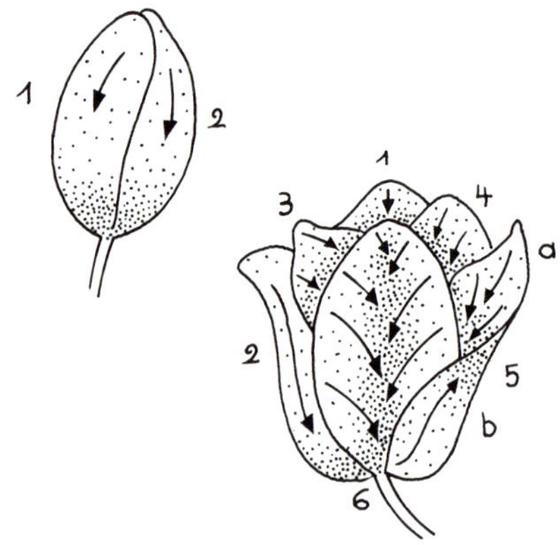

Délaquer l'emplacement du pétale 6.

1. La tulipe simple vous montrera la manière de déplacer le pinceau.
Sur le schéma, les chiffres indiquent l'ordre de peinture des pétales et les flèches, le sens des coups de pinceau.

Pétale 1 : avec la couleur plus sombre, donner un ou deux coups en pensant que ce pétale, en grande partie caché, doit se rattacher à la queue.

Pétale 2 : se fait en un seul coup vers la queue, avec une couleur assez sombre.

Pétales 3 et 4 : après avoir un peu déchargé le pinceau, incliner les deux coups par l'extérieur. Chaque coup se dirige en léger arrondi vers le centre et ne descend pas jusqu'à la queue.

Pétale 5 : peindre d'abord la pliure visible à l'arrière avec une teinte un peu plus foncée (a), puis, après avoir réalisé le pétale 6, peindre en plus clair la partie avant (b). Celle-ci est légèrement tordue pour bien rendre le bombé du pétale.

Pétale 6 (frontal) : nettoyer son emplacement. Bien arrondir les coups du pinceau donnés en direction de l'axe central pour bien rendre le bombé (avec une couleur assez claire).

Faites plusieurs tulipes de ce type en une seule couleur, jusqu'à ce que l'emplacement de chaque coup de pinceau soit harmonieux et jusqu'à ce que vos teintes soient bien dégradées (sinon, vous auriez un gros paquet de peinture en forme vague de tulipe !).
Si vous n'obtenez pas ces teintes plus ou moins claires en essuyant seulement votre pinceau, mouillez un peu votre peinture (à l'essence de térébenthine) et prenez-en moins sur le pinceau pour ne pas avoir de goutte. Faites attention à ne pas croiser les coups de pinceau.

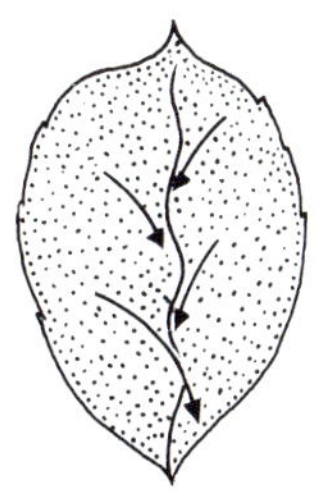

MAUVAIS : les coups de pinceau se croisent.

2. Dans cet exemple, la tulipe commence à se faner ; il ne faut donc pas utiliser une teinte trop vive. Le pétale frontal est le plus important car il doit être bombé.

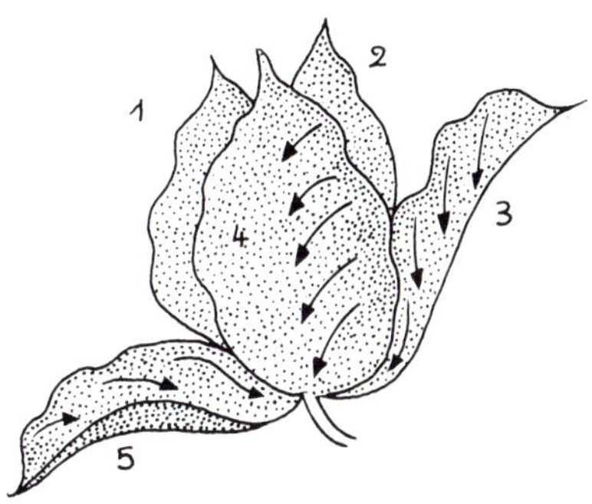

Les revers sont en grisé.

Peindre d'abord les pétales 1 et 2, puis effacer la place du pétale 3. Les premiers coups, en biais, s'arrondissent vers le centre où ils doivent créer un léger bourrelet ; les coups suivants s'écrasent un peu sur l'arrière pour garnir l'arrondi du bas, et s'incurvent légèrement vers la queue.
Les pétales 4 et 5 sont vus de profil ; les premiers coups ne vont donc pas jusqu'à la queue. Veiller à ne pas relever le pinceau, pour finir en pointe à la queue sans abîmer le pétale 3. Il est possible d'indiquer un léger revers, plus clair ou plus foncé (en grisé sur la figure).

3. La tulipe est tombante et vue d'en haut : on obtient en effet, par des coups de pinceau donnés selon le sens des flèches et en utilisant une peinture de couleur moins vive, une fleur déjà fatiguée.

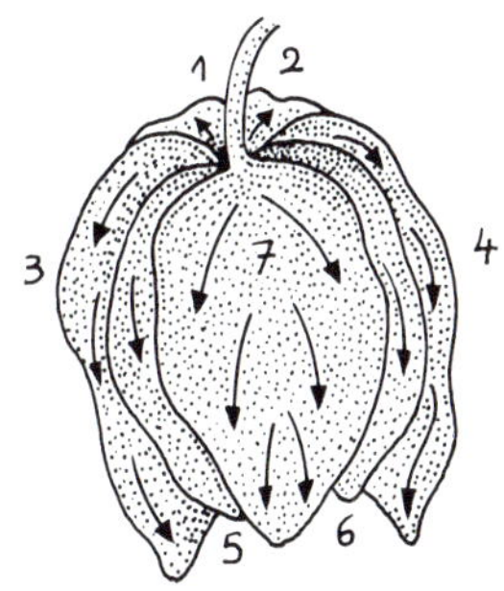

Pour bien rendre le creux où la tige prend naissance, donner d'abord quelques coups remontant à l'arrière, puis effacer l'emplacement de la queue. Peindre la partie avant en remontant d'abord, puis redescendre en longs coups retombant jusqu'au bord du pétale.
Les coups du pétale 6 partent du centre, légèrement marqué. Le haut de ce pétale doit être plus éclairé (recharger le pinceau peu à peu).

4. La tulipe perroquet. Comme nous l'avons vu, les pétales de la tulipe sont faits d'assez nombreux coups de pinceau, pas très écrasés, mais surtout bien orientés et ne se recoupant pas les uns les autres.

Pour la tulipe perroquet, il suffira, en plus, de mélanger harmonieusement les couleurs. On utilisera donc, ici, du jaune canari, un rose, un pourpre, auxquels on ajoutera un peu de gris.

Peindre d'abord les pétales arrière, en jaune ; ajouter en bas sur celui de droite un peu de gris, pour créer une ombre (on imagine que celui de gauche est plus éclairé, et donc sans gris).
Placer les deux tons de rose : pour ce faire, prélever une perle de pourpre avec la pointe du pinceau déjà chargé de rose ; celle-ci se déposera au bord du pétale. Veiller à bien reprendre une perle de pourpre à chaque coup de pinceau. Nettoyer au pinceau propre l'emplacement du pétale frontal.
Celui-ci est fait de la même manière que les précédents, en arrondissant bien les coups de pinceau pour lui donner du volume (on peut partir du centre pour écheveler un peu plus la fleur par des coups finissant en pointe).

Vous pouvez travailler avec deux pinceaux, le petit pour le rose et le pourpre, et le gros pour le gris et le jaune. Déposez toujours le pourpre au bord du pétale qui est découpé, comme les pétales arrière.

Pour les pétales tombants, donner d'abord un coup de pinceau garni de jaune (à droite, ajouter du gris). Le coup est arqué et part du bord extérieur ; il doit bien aboutir à la queue. Marquer ensuite les bords de pourpre et de rose, comme sur le reste de la tulipe.

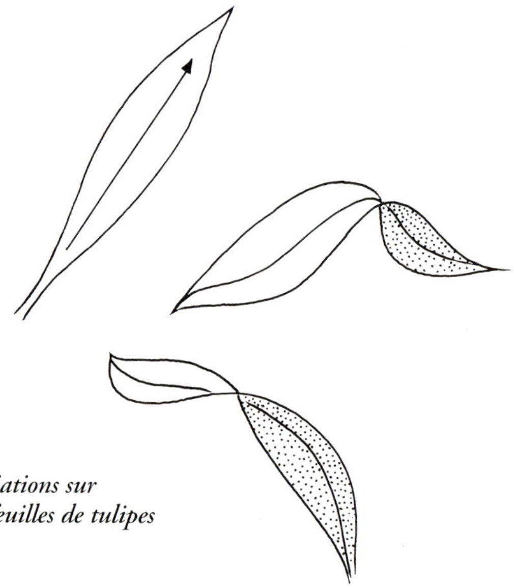

Variations sur les feuilles de tulipes

La feuille de la tulipe est grande ; pour éviter qu'elle ait l'aspect d'une grosse tache verte, il est préférable d'utiliser deux couleurs, et surtout, de la peindre plutôt pliée.

Ces deux parties de feuille, dont vous pourrez varier les courbures et les positions, se font chacune en deux coups de pinceau, mais en les tirant sur toute la longueur. Ne pliez pas les feuilles en leur milieu, évitez la symétrie et peignez l'une des deux parties un peu plus foncée.

La rose

La rose ancienne apparaît dans la plupart des bouquets que vous voyez sur les porcelaines de Paris, de Sèvres, de Meissen, de Nyon, etc. C'est la plus délicate à peindre des grandes fleurs (comme vous avez dû le constater déjà, les teintes roses et les pourpres sont les plus difficiles à travailler), mais aussi la plus belle. De fait, elle séduit et tente tous ceux qui saisissent un pinceau… mais elle demande beaucoup d'exercices et de travail.

Contrairement à la petite rose, qui a embelli vos premiers semis, la grosse rose ne se fait pas en quatre ou cinq coups de pinceau, même si le principe est un peu le même : un globe dont le cœur est plus ou moins ouvert et des pétales l'entourant, plus ou moins tombants.

Les roses anciennes sont jaunes ou roses, les premières ombrées de brun ou de vert-brun (j'emploie toujours le n°52 chez Schjerning), les secondes ombrées de pourpre.

Je vous conseille de vous exercer avec des teintes plus faciles à travailler… et moins coûteuses que les pourpres, car vous ferez sans doute des « pages de roses ». Utilisez donc du rouge, du bleu ou du vert.
Ne perdez jamais de vue la direction de la lumière qui conditionne la pose des couleurs plus sombres.
Ne vous découragez surtout pas ; si vous maîtrisez vraiment votre couleur et votre pinceau (exercez-vous à le manier de la pointe et surtout du plat, et à maîtriser le dessous des poils aussi bien que le dessus), vous aurez plus de facilités à peindre vos premières roses.

La fleur

1. On commence d'abord par réaliser la « grosse boule » où apparaît le cœur.
Par principe, on va imaginer que la lumière vient de gauche : la partie droite de la boule sera donc dans l'ombre et, le petit cœur aux pétales serrés étant en creux, la lumière butera sur le bord (voir le schéma de gauche ci-dessous ; l'autre montre la rose éclairée par la droite et les ombres sont alors inversées).

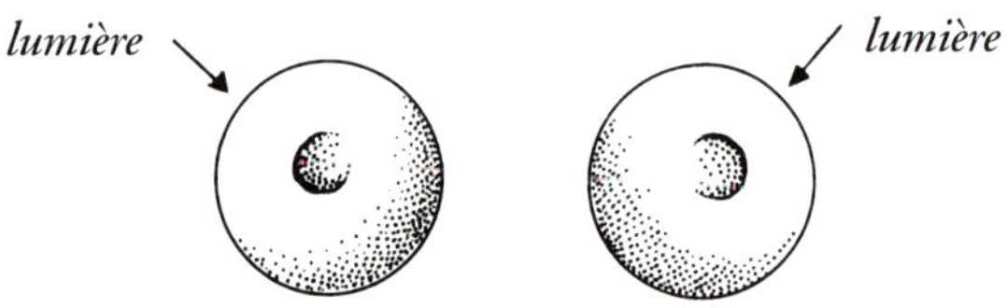

Avec le pinceau moyen ou gros chargé de bleu ou de vert (de préférence au rouge qui se dégrade mal), peindre cette boule de 20 mm de diamètre environ, en veillant à bien obtenir le dégradé correspondant à l'éclairage souhaité. Pour ce faire, ici, peindre d'abord en deux coups semblables à une grosse goutte la partie droite : une ombre légère va se déposer sur le quart inférieur droit du cercle (a).

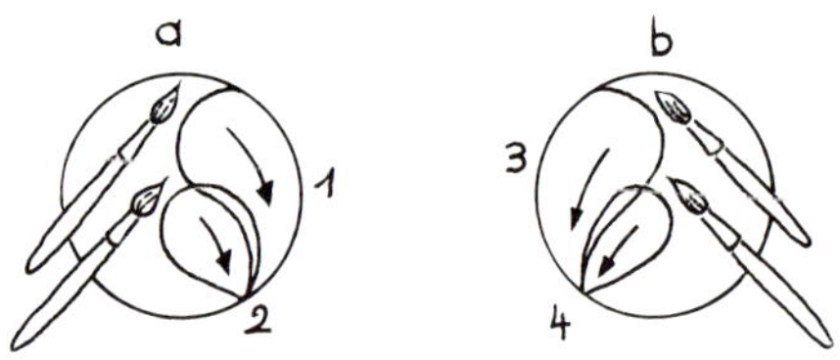

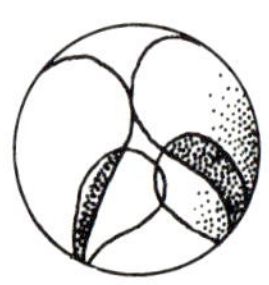

MAUVAIS
Vos coups de pinceau doivent être bien fondus.

Décharger alors le pinceau et effectuer le même travail de façon symétrique sur la gauche : une ombre plus légère apparaîtra sur le quart inférieur gauche du cercle (b).

Veillez à ce que vos différents coups de pinceau soient bien fondus et à ce qu'ils ne montrent aucune trace d'épaisseur.

Après ces quatre premiers passages, la boule de la rose est presque entièrement garnie – sauf dans la partie inférieure – et un peu plus sombre à droite qu'à gauche. Les ombres qui apparaissent dans les deux quarts inférieurs sont placées dans le creux des futurs pétales détachés.

2. Indiquer maintenant les pétales encore enroulés et serrés les uns les autres dans le creux du cœur (c).

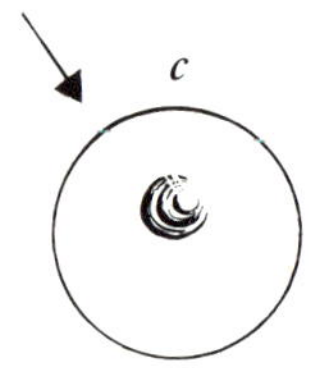

Avec la pointe du pinceau rechargé, dessiner des sortes de « C » concentriques qui vont former comme un demi-ovale plus sombre du côté de la lumière ; fermer ensuite cet ovale sur la droite avec d'autres pétales très clairs faits également comme des « C » renversés et toujours concentriques. Naturellement, il est préférable d'obtenir un dégradé entre les deux zones de cet ovale.

3. Le pétale frontal. Il se peint en deux coups légèrement arrondis pour qu'il soit bien bombé (d).
Peindre en partant du bas de la boule pour que l'ombre de la fin de chaque coup de pinceau se dépose au ras du cœur. Commencer par la partie droite et essuyer un peu le pinceau avant le deuxième coup. Ce pétale peut même « écorner » le cœur, ce qui aura pour effet de le faire passer « dessus ».

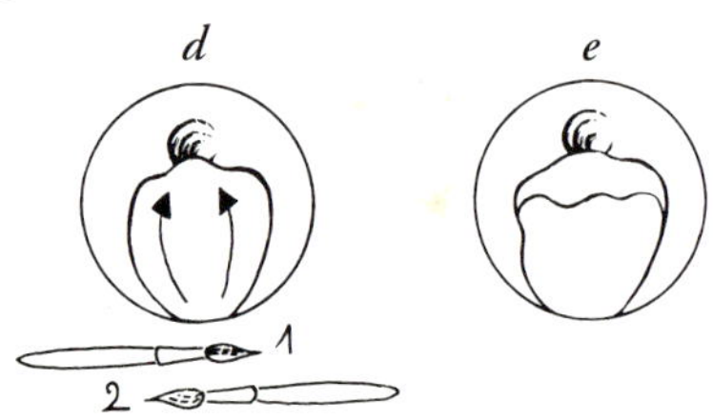

Remarquez la forme de ce pétale, moins large en bas où l'on imagine son attache à la queue, qu'en haut : cette ligne du haut n'est pas crantée puisqu'il se replie légèrement vers l'avant.

Marquer aussitôt son revers éclairé : avec la pointe du pinceau propre, délaquer au ras de la pliure à l'intérieur de l'ombre laissée, pour obtenir une trace blanche ondulée en bas et se terminant en pointe très fine aux deux extrémités (e).

Ces revers sont aussi importants que ceux de l'œillet ; ce sont eux qui vont permettre de dessiner les autres pétales et qui vont enlever à la boule d'origine toute sa sécheresse.
Exercez peu à peu votre sens de l'observation, votre goût et votre imagination en prenant quelques libertés avec ces principes de base : pétales plus ou moins nombreux, cœur plus ou moins ouvert et revers de formes différentes. Voyez par exemple le carreau d'essais de roses : vous pouvez en faire au ras du cœur (ils peuvent même, eux aussi, l'écorner) mais, dans tous les cas, tâchez d'éviter toute symétrie.
Je vous conseille pour cela d'abandonner le plus rapidement possible votre crayon, qui peut avoir un effet trompeur (son trait disparaît à la cuisson et, avec lui, les formes que vous pensiez avoir données à vos pétales).

4. Il reste maintenant à entourer ce gros cœur de rose par des **pétales détachés** et tombants. Ceux qui viennent de l'arrière de la rose sont tangents à la boule : ce sont les plus délicats à réaliser (touches 1, 2 et 3 du schéma a p. 82).

Technique

Tracer au préalable quelques traits horizontaux de 2 cm et, en déplaçant le pinceau perpendiculairement à ce trait, peindre des pétales avec un bord supérieur légèrement ondulé.

Le geste : le pinceau doit être assez dressé et sa pointe un peu pliée ; pour marquer les encoches, le tirer très légèrement vers soi en soulevant un peu l'arrière, puis réavancer pour effectuer l'arrondi suivant (voir schémas ci-dessous a et b).

Exercez-vous de droite à gauche, puis de gauche à droite. Si vous avez réussi à ne pas dépasser l'axe horizontal, le travail sera plus facile.

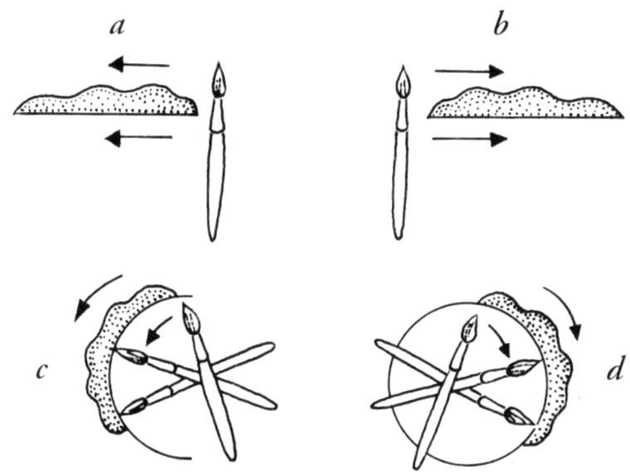

Pétales à demi cachés à l'arrière

Faire ensuite le même travail d'apprentissage à partir de lignes courbes (correspondant à la boule), toujours de droite à gauche, puis de gauche à droite. La peinture ne doit pas écorner la boule (schémas c et d).

Exercez-vous jusqu'à maîtriser tout à fait le dessous des poils du pinceau. Remarquez que pour bien suivre la ligne courbe, le pinceau change graduellement d'orientation pour rester perpendiculaire à la ligne tracée au crayon.

Peindre maintenant les pétales 1, 2 et 3. Le pétale 2 est plus facile, on le voit d'ailleurs très peu. Il peut être un peu plus foncé que le 1. Vous remarquerez que les ombres sont inversées. Les pétales 4, 5 et 6 sont réalisés en deux et trois coups de pinceau partant de l'extérieur ; ils vont donc déposer leur ombre dans le creux. Arrondir les coups pour donner du volume à tous ces pétales. D'une manière générale, les lignes droites sont à proscrire.

Donnez à vos pétales une taille logique correspondant à celle de la rose. Vous pouvez faire des revers éclairés sur les plus foncés, et foncés sur les plus clairs. Ils peuvent également se superposer.

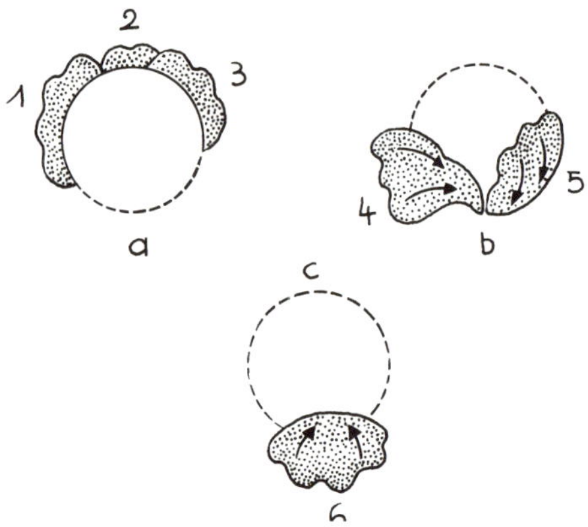

Lorsque vous serez plus à l'aise, prenez le rose et le pourpre.
Travaillez longuement ces teintes : aucun grain, dû à la présence d'or dans le pigment, ne doit apparaître. Veillez à ce que la préparation soit assez grasse pour bien glisser mais pas trop pour ne pas coller, ni trop liquide, ce qui vous donnerait une impression de délavé.
Préparez peu de pourpre et ne l'employez pas pur, ce qui donnerait des contrastes trop durs. Il s'agit seulement d'obtenir deux tons de rose.
Ne posez jamais ces teintes en épaisseur dans l'espoir d'ombrer ; à la cuisson, elles risquent d'écailler ou de prendre un aspect orangé.

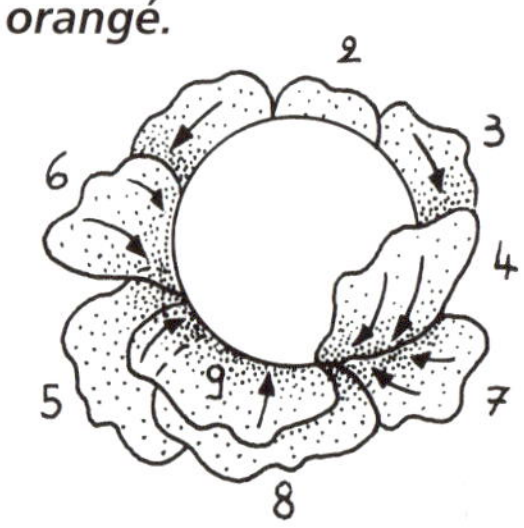

Les pétales doivent se superposer. Apprenez à les peindre un peu vite pour que la peinture reste fraîche.

Après tous ces exercices, parfois fastidieux, vous devez avoir acquis plus d'aisance. Lancez-vous en cherchant des modèles dans les livres (pensez à Redouté qui a peint de si belles roses) ou même dans les catalogues (vous y trouverez des roses plus modernes ou en boutons). Tout ou presque est permis… sauf qu'une rose ait l'air d'un chou !

5. Les boutons. Les exemples proposés ci-dessous sont plus modernes, ils autorisent donc d'autres teintes : rouge de fer, rouge et jaune, pourpre, etc.

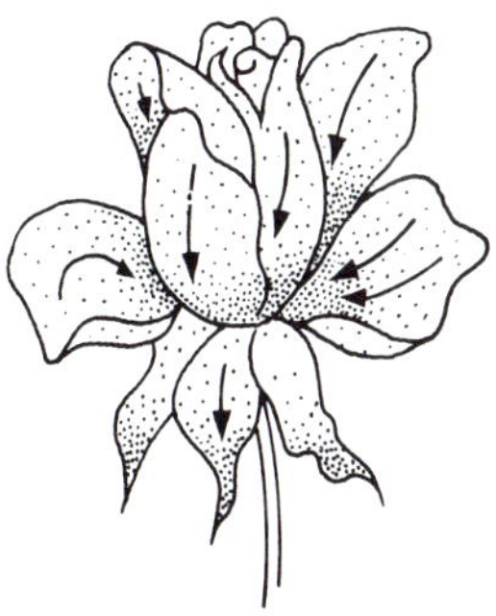

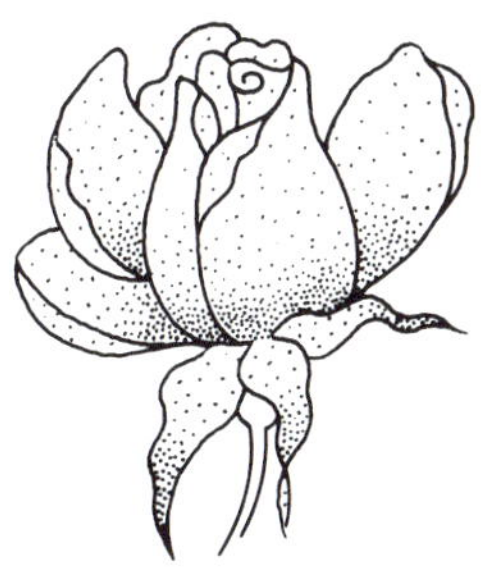

6. Les feuilles. Vous avez fait, avec la clématite, l'essentiel de l'apprentissage… si ce n'est que la feuille de la rose n'a pas un bord lisse. En outre, elle a moins nettement la forme d'un cœur à la naissance de la queue.

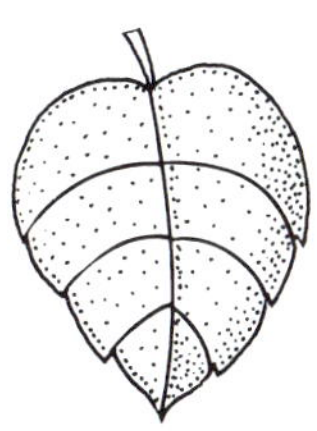

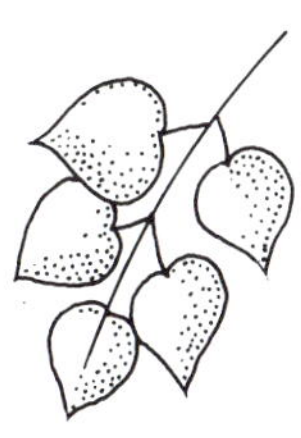

Peindre chaque feuille en effectuant plusieurs touches non remontantes au début, et se terminant avec la pointe du pinceau (dépasser à chaque fois un tout petit peu du bord dessiné). Les feuilles se placent par cinq, et face à face deux à deux.
Pour éviter la monotonie, employer impérativement deux teintes différentes pour chaque feuille et peindre des feuilles plus ou moins foncées ou jaunes : cela permet de donner du volume à la composition.

Veillez à ne pas faire la feuille du bout plus grande que les autres !
Veillez également à travailler avec un pinceau assez couché, que vous relèverez seulement pour faire la pointe. En effet, si vous travaillez avec la pointe du pinceau ou si vous avez trop chargé celui-ci, vous allez faire des bourrelets tout à fait disgracieux, même si ces épaisseurs sont faites dans le sens des nervures.
Les églantines se peignent comme les roses, mais sont plus petites et placées au milieu d'une multitude de petites feuilles.

Lampe aux marguerites

La reine-marguerite

On peut représenter la reine-marguerite ou sa voisine, le souci des jardins, vues d'en haut (les inscrire alors dans un cercle), mais elles sont plus jolies et variées vues de semi profil. Il faut alors les inscrire dans un ovale de 30 à 35 cm, comme pour le liseron, en veillant à ce qu'il ne soit ni pointu ni « carré » aux extrémités.
La seule difficulté de ces fleurs réside dans la réalisation des pétales vus aux extrémités car ils doivent changer de taille, de forme et d'orientation de manière absolument progressive.
Les pétales, dentelés, se font en deux coups de pinceau tangents (voir schéma ci-contre fig. a). Dans la fleur, ils semblent courts parce qu'ils se cachent les uns les autres (fig. b).

a

b

La fleur

1. Tracer un ovale qui servira de guide (voir la fig. a, p. 85).

2. Avec le pinceau chargé de peinture rouge-orangé (capucine 22 par exemple), peindre les pétales arrière à partir du milieu (b). Les faire de plus en plus petits, étroits et inclinés (ne pas oublier qu'ils s'attachent au cœur). Faire de même vers la gauche.

Peindre ensuite les pétales avant, de la même manière mais plus courts. Commencer en allant vers la droite (c), puis vers la gauche.

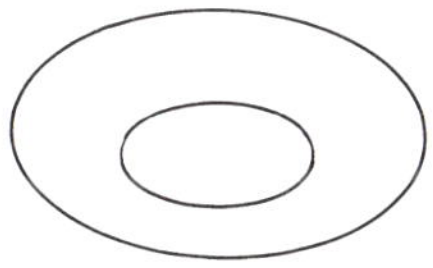

a

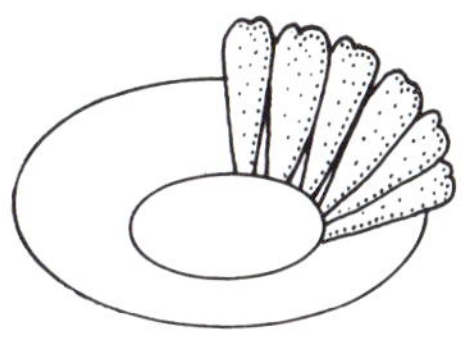

b

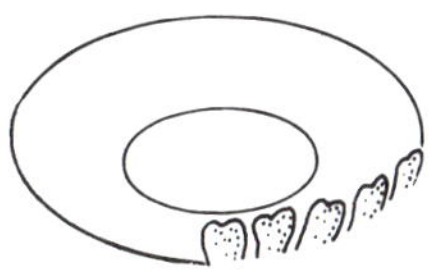

c

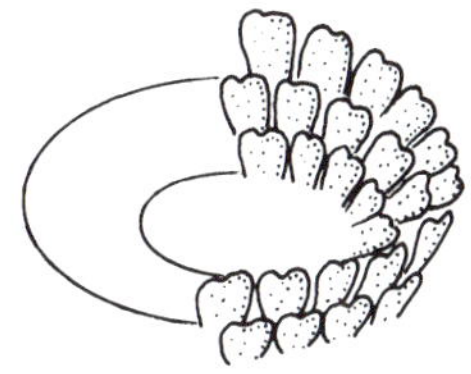

d

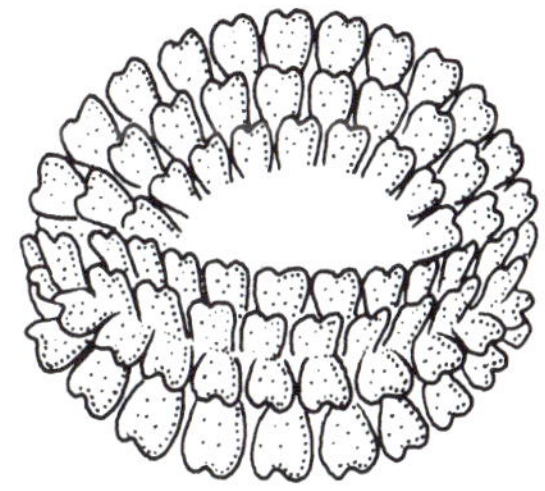

e

Attention ! veillez à ne pas faire vos pétales trop identiques ou trop raides : vous donneriez l'impression d'avoir habillé un couvercle de boîte.

Refaites cette première rangée de pétales à l'arrière et à l'avant jusqu'à ce qu'elle soit harmonieuse (notamment dans la taille, les proportions et l'orientation des pétales). C'est la partie la plus délicate du travail; si vous terminez votre fleur sans avoir réussi cette première étape, vous risquez d'être déçu du résultat. Par contre, si vous réalisez correctement cette rangée, vous pourrez facilement peindre les autres en respectant les mêmes règles.
Notez enfin que les pétales se frôlent mais ne se fondent pas. Attention donc à une peinture qui serait trop grasse !

3. En intercalant les pétales – tout en continuant à leur donner la même forme, taille et inclinaison – peindre une deuxième, puis une troisième rangée à l'arrière, ainsi qu'une deuxième rangée à l'avant (toujours moins haute ; voir fig. d).
Ajouter enfin à l'avant les pétales retombants, sensiblement plus grands, en commençant bien sûr par ceux du dessous (e).

4. Les couleurs. Le souci des jardins, voisin de la reine-marguerite, peut se peindre en jaune-orangé. Pour lui donner un peu plus d'éclat, faire en rouge capucine la première rangée et l'extrémité des pétales tombants ; le cœur sera alors gris avec un peu de brun. On peut aussi le réaliser en camaïeu de violets ou en bleu pervenche et bleu clair ; peindre alors les cœurs en jaune et brun.

Application

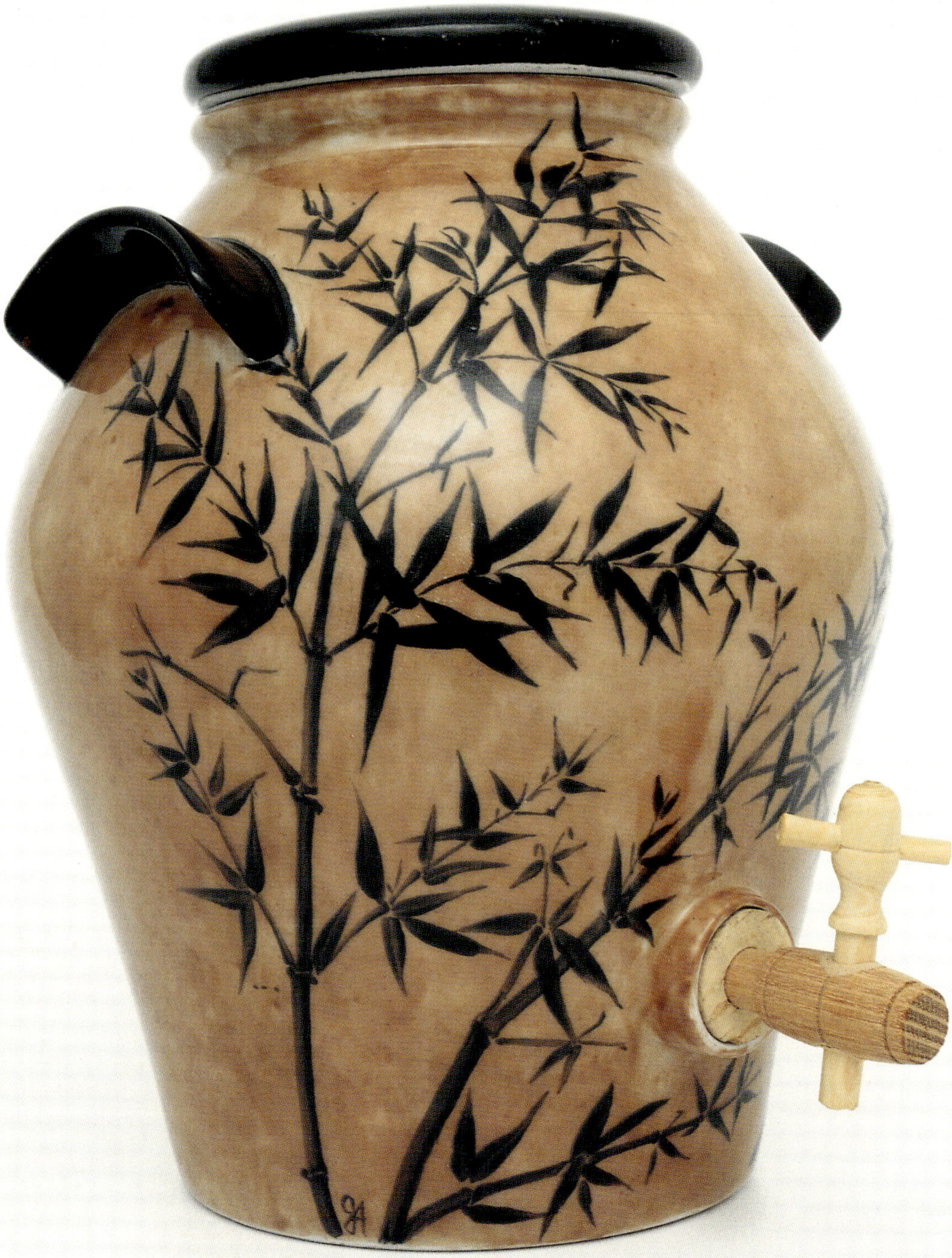

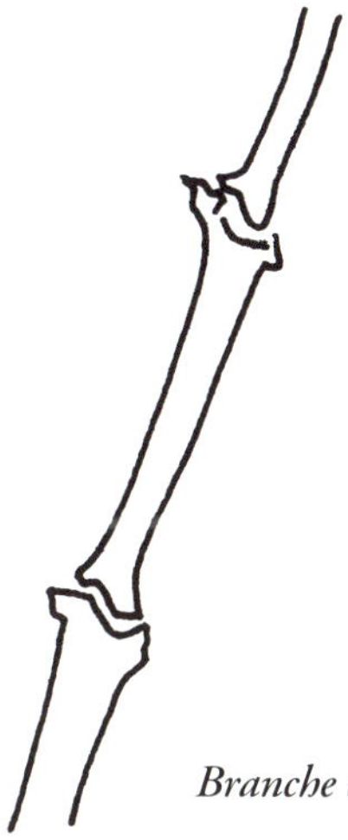

Branche de bambou

Cette grande jarre à vinaigre (hauteur : 35 cm, diamètre : 23 cm) se fait obligatoirement en deux cuissons.

Première cuisson

En raison de la surface à couvrir, il faut beaucoup de pigment (environ 10 g).

1. Préparer un mélange d'ocre, de rose, de bleu et de blanc et le travailler longuement (environ 10 mn) avec la térébenthine. On peut obtenir une teinte voisine en mélangeant à parts égales du brun-jaune et de l'ocre 45.
Ajouter environ 60 % d'essence grasse et 15 à 20 gouttes d'essence de lavande. Travailler à nouveau le mélange.

2. Avec un gros pinceau plat, large et souple, faire un essai sur une assiette.
Si la peinture est trop maigre, elle se tirera difficilement et ne permettra pas de garnir l'ensemble de la surface.
Si elle est trop liquide, elle coulera et laissera apparaître les coups de pinceau et d'éponge, même légers.

3. L'idéal est de réaliser une peinture souple et assez grasse permettant de couvrir l'ensemble du vinaigrier au pinceau. Veiller à ne pas appuyer et à tirer la peinture à partir du bas – qui se trouvera de ce fait un peu plus sombre – jusqu'au col. Ne pas garnir les poignées.
Cuire à 830° C.

Deuxième cuisson

4. Le motif. Les bambous comportent 3 tiges : la première va jusqu'à la poignée de gauche ; la seconde se penche sur le robinet ; la troisième est couchée dessous. Une petite branche et un papillon garnissent la partie droite.
Avec le crayon gras, tracer seulement l'orientation des différentes branches.

5. Avec le pinceau chargé de brun-noir 31 (ou vert-noir), les peindre aussitôt en s'aidant du schéma ci-contre (je vous conseille d'utiliser un pinceau n°4 ou 5 dans la série 6227, ou un n°2 ou 3, série 8404, chez Isabey).

6. Avant de passer à leur réalisation, faire quelques essais de feuilles. Celles-ci se font en un seul coup, le pinceau plié au départ et légèrement en biais.
Peindre ensuite celles du vinaigrier, de préférence de façon spontanée. Partir du bas – au besoin en retournant la jarre – et diminuer peu à peu leur taille.
En superposer quelques-unes : peindre la première feuille, puis la seconde aussitôt, sans délaquer son passage et alors que la peinture est encore fraîche.

7. Compléter le décor en peignant un papillon stylisé (ou tout autre insecte) en noir.
Avec la même couleur noire, additionnée d'essence de lavande, putoiser anses et couvercle.
Procéder à la deuxième cuisson, toujours à 830° C.

Ne cernez pas les motifs.

Pour donner de la profondeur à vos paysages, peignez en clair l'arrière-plan, et foncez en venant vers le premier plan.

4

Camaïeux et paysages

Le camaïeu est un dégradé d'une même couleur. En décoration sur porcelaine, vous le rencontrerez le plus souvent en bleu ou en brun châtain, voire en vert ou en vert brun. On utilise également un dégradé de noir au gris appelé « grisaille », qui se place souvent sur un fond de couleur ou est relevé par un filet rouge.

La plupart des couleurs peuvent se dégrader en camaïeux ; ainsi la rose est un exemple de camaïeu, même si, en raison des difficultés de cette teinte, on utilise aussi du pourpre. Le jaune se dégrade très mal (nous avons vu pour la rose jaune qu'il fallait faire les ombres en brun ou en vert). Quant au rouge capucine, il a un excellent pouvoir couvrant : il est donc plus difficile d'éclaircir son dégradé.

Le principe du camaïeu est simple : plus la peinture est mouillée, plus la teinte obtenue sera claire et moins il faudra en prendre sur le pinceau pour éviter l'effet de petite goutte foncée (voir au chapitre 3, le carreau des essais de couleurs).

Les modèles les plus pratiqués sont les camaïeux de paysages.

Petite boîte avec camaïeu marron de paysage

Pour tout paysage, il faut donner l'idée de profondeur en peignant en plus clair les arrière-plans et en fonçant régulièrement jusqu'au premier plan.

Il faut également éviter de cerner les éléments principaux du paysage – les maisons notamment – lorsqu'on les trace de la pointe du pinceau, pour ne pas enlever toute sa douceur au motif. On travaille donc essentiellement avec le pinceau très couché sur la porcelaine.

Les paysages

Un bon exercice pour débuter consiste à peindre des reliefs aperçus dans le lointain, et donc très pâles.

1. Préparer une peinture bien « mouillée », puis charger le pinceau et le décharger jusqu'à obtenir à l'essai une teinte très claire, mais sans la petite goutte sombre qui marque un excès de térébenthine.
Déplacer alors le pinceau entièrement couché et peindre les reliefs limités en haut par une ligne horizontale sinueuse et irrégulière (voir le carreau d'essais et le schéma ci-dessous).

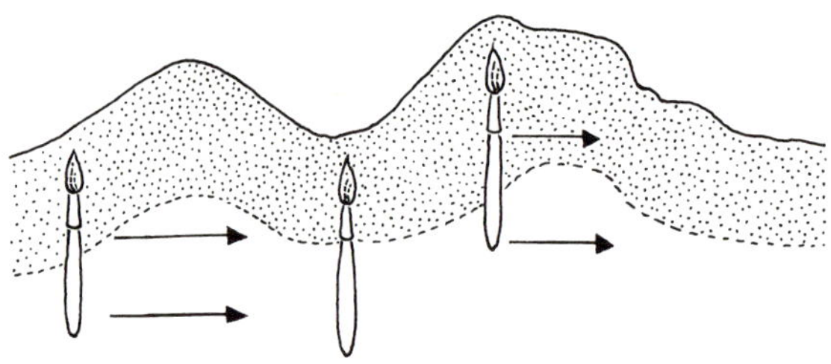

Premier passage

Remarquez qu'en se déplaçant, le manche du pinceau reste toujours perpendiculaire à une ligne d'horizon imaginaire, même si vous devez créer une ondulation pour représenter les sommets plus ou moins pointus. Veillez à ne pas appuyer et à relever doucement si vous voulez obtenir à la fois des clairs et quelques ombres.
Refaites ces reliefs jusqu'à ce qu'ils aient du volume et qu'ils soient variés dans leurs formes.

Ajouter alors un plan supplémentaire un peu moins élevé.

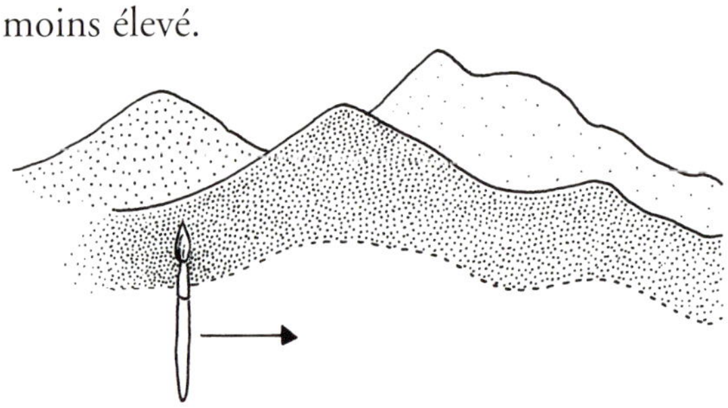

Deuxième passage moins clair

2. Vous remarquerez que la ligne inférieure de vos deux passages est, elle aussi, ondulée. Il faut maintenant rectifier ces lignes. Toujours avec le pinceau rafraîchi et couché, repousser assez de peinture pour marquer la rive.

D'autres passages similaires et toujours parfaitement horizontaux feront l'eau, jusqu'au premier plan un peu plus foncé.

3. Les bâtiments : maisons, chapelles, tours, clochers et ponts. Sur la rive, suggérer maintenant quelques arbres et maisons de différentes formes (un clocher fait toujours très bien...).

Pensez cependant qu'ils sont eux aussi dans le lointain : faites donc attention à leur teinte et aux proportions. N'hésitez pas, avant tout, à consulter de nombreux livres : leurs modèles seront pour vous une source d'inspiration.

Les murs : quelles que soient leurs formes, ne pas les cerner. Les peindre un peu plus foncés que l'eau, avec le pinceau couché. Si les arêtes des murs sont irrégulières, les rectifier comme pour la rive, mais avec le pinceau un peu redressé ; on obtient ainsi un cerne très discret qui suffira à « détacher » de l'eau ces constructions.

Veillez à ce que ces murs soient bien verticaux (ne faites pas de tours de Pise !).

Les toits se font comme les murs avec une peinture nettement plus sombre. Évitez les traces de passage du pinceau. Au besoin, redresser celui-ci pour rectifier les bords.
Pour finir, dessiner avec la pointe les ouvertures. Celles-ci seront plus jolies si elles sont simplement suggérées par leur éclairage (voir les quelques exemples ci-dessous). Bien respecter le sens de la lumière.

MAUVAIS

Tracé trop lourd

BON

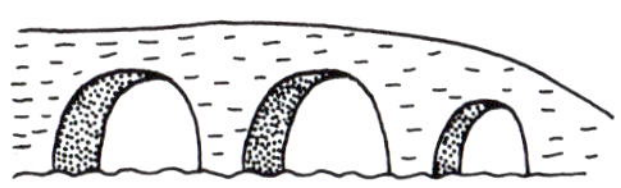

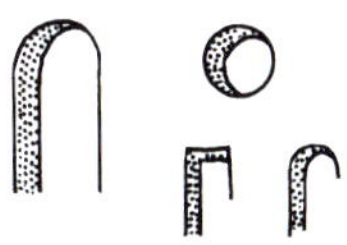

On peut également marquer quelques pierres apparentes à l'angle des murs, sur les façades ou sous les ponts.

4. La verdure : elle se peint avec le bout du pinceau, mais sans refaire sa pointe.
Placer éventuellement quelques buissons au pied des bâtiments pour en souligner la base.
Des arbres de différentes formes peuvent également apparaître derrière les toits; les peindre après les bâtiments (contrairement à l'habitude) et sans toucher leurs bords.
Équilibrer le paysage par des arbres plus importants, souvent placés en premier plan. Leur position dans le motif dépendra de la forme de la porcelaine que vous décorez.

5. Les arbres de premier plan. Commencer par le feuillage. D'une manière générale, suggérer d'abord leur silhouette en juxtaposant plusieurs petites touches, données du bout du pinceau chargé de peinture très pâle (sans refaire la pointe). Ajouter d'autres touches un peu plus sombres, puis ombrer les arbres sous les bouquets de feuilles, en tenant compte de la lumière.

Veillez cependant à ne pas alourdir vos feuillages par trop de peinture; il faut qu'il reste des « lumières ».

Vase aux anses roses

Le schéma ci-dessous vous donne les formes essentielles de silhouettes : longue comme le peuplier, ronde comme le chêne, pointue comme les conifères, ou assez stylisée comme on la voit très souvent.

Le pinceau travaille les poils écartés : ne cernez pas les contours.

MAUVAIS

Je vous conseille de peindre les branches et les troncs après le feuillage; vos bouquets de feuilles seront plus spontanés.

6. Les troncs représentent généralement une difficulté un peu spéciale, car il faut éviter que leur raideur alourdisse le paysage.

Pour ce faire, évitez de les tirer d'un seul coup de pinceau continu, et marquez une ombre, surtout s'ils sont épais.

J'ai l'habitude de peindre les troncs assez gros en une seule fois, par un coup de pinceau bien chargé et donné de façon un peu particulière :

Le geste : poser le pinceau, les poils pliés à peu près à mi-longueur, en biais (environ 40°) dans le bas de l'arbre (a). Remonter le long du tronc en exécutant des allers et retours très serrés, en restant toujours en biais et sans soulever le pinceau. Progressivement, plier un peu moins les poils pour donner moins d'amplitude au mouvement. On obtient des bords hachurés qu'il suffit de rectifier (b). Pour cela, descendre avec la pointe du pinceau propre tout le long des grosses branches et du tronc en supprimant le bord des hachures; si nécessaire, rincer le pinceau de temps en temps.

Veillez à ne pas réaliser un tracé rectiligne. Comme dans la nature, vos troncs et vos branches doivent garder leurs petits « défauts » de croissance. Mieux vaut qu'ils soient tordus que trop raides !

Il est également essentiel, pour qu'il ait du volume, qu'un côté du tronc soit plus foncé que l'autre. Le dessous des poils du pinceau déposant le plus de peinture, c'est donc lui qui va créer l'ombre.

Exercez-vous jusqu'à obtenir ce résultat, et pensez à déplacer de la même manière le pinceau le long des branches, de telle sorte que l'ombre soit toujours dessous.

MAUVAIS

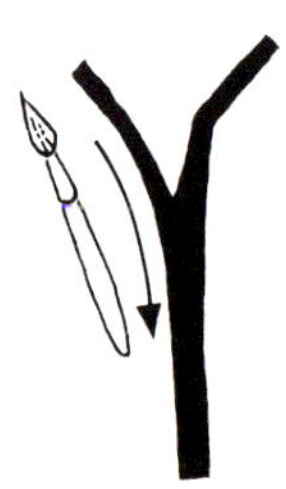

Le tronc est raide et sans volume.

BON

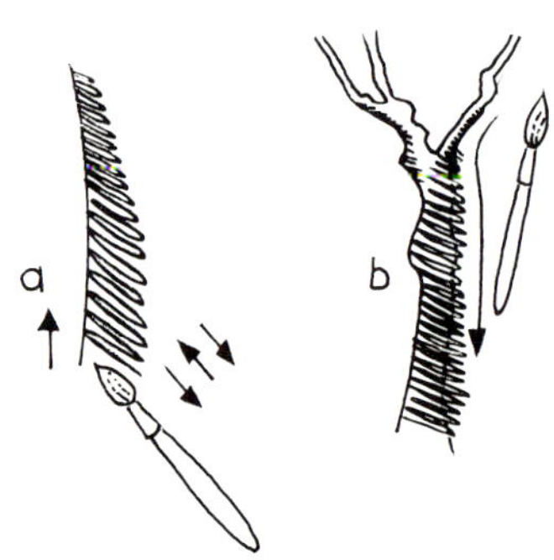

a. Va-et-vient ascendant
b. Longer le bord avec le pinceau propre.

Ce château est peint sur céramique. Il est plus agréable de peindre sur un carreau de porcelaine !

Terminer en ombrant éventuellement un peu les creux à la naissance des branches, d'un petit coup de pinceau.

7. Le sol. Il est généralement un peu plus foncé et irrégulier, avec quelques éboulis de terre et de rochers dominant l'eau. Peindre ceux-ci de manière irrégulière avec une peinture sombre, en plusieurs coups de pinceau couchés et donnés en arrondi.

Certains modèles montrent des colonnes ou de gros rochers ; conserver les mêmes principes et donner la forme générale avec le pinceau couché et une peinture claire. Il suffira ensuite de poser les ombres.

La technique que nous venons d'aborder s'applique à tous les paysages, même si le camaïeu est remplacé par plusieurs couleurs : différents ocres jaunes, verts, bruns, etc.
Lorsque vous serez à l'aise, rien ne vous empêchera plus de réaliser des « portraits » de maisons, que ce soit la vôtre ou celle de vos amis. Aidez-vous seulement de photos.

Application

Lampe 4 saisons (30 cm)
Ici, deux des faces : l'été et l'automne

Cette lampe est un travail que j'ai réalisé sur commande ; le nombre de faces du pied de lampe choisi m'a incitée à peindre 4 oiseaux différents et un lièvre, placés dans 4 paysages saisonniers.

Printemps : deux martins-pêcheurs accouplés au bord de l'eau. La rive opposée est un paysage vert tendre où se distinguent deux arbres fleuris, l'un jaune, l'autre blanc.

Été : le ciel d'un bleu assez dur fait ressortir le héron, qui prend le frais dans un trou d'eau.

Automne : la huppe se fond dans le feuillage jaune et brun-rouge d'un arbre qui perd ses feuilles sur fond grisâtre.

Hiver : un lièvre se détache sur un buisson aux branches noires et dégarnies. Le sol est recouvert de neige et le ciel plombé.

Première cuisson : les animaux

1. Peindre d'abord les oiseaux (et le lièvre) en suivant les conseils donnés au chapitre suivant.
Le couple de martins-pêcheurs se fait en bleu 69, capucine 22 et noir. Le gris de l'aile se dégrade à partir du noir.
Pour le héron, utiliser du noir, un gris-beige et du jaune.
Pour la huppe, utiliser du brun-jaune et du noir.
Le lapin se peint avec un dégradé de beige.

2. Faire cuire à 830° C et protéger ensuite les motifs par un vernis très soigneusement placé : vous éviterez un nettoyage fastidieux (voir p. 116 s. le paragraphe « réserves » du chapitre « Décor par putoisage »).
Pour les pointes (becs, extrémités des plumes, pattes), tirer le vernis vers l'extérieur en frôlant seulement la porcelaine. Veiller à ne pas dépasser les surfaces peintes afin de ne pas créer de « manques » dans la peinture du paysage ; ceux-ci sont parfois difficiles à corriger !

Deuxième cuisson : les paysages

3. Avec le crayon gras, tracer les éléments essentiels des différents décors : horizon, tour des arbres, bord de l'eau. Un dessin trop surchargé gênerait la suite du travail (surtout pour les teintes claires).

4. Printemps : utiliser du vert, du jaune 60 et du marron 30. Préparer séparément les couleurs, en veillant cependant à faire suffisamment de jaune pour que la tonalité générale du décor soit vert tendre.

Commencer par les rives et l'eau (voir dans ce chapitre p. 90).

Peindre ensuite les troncs des deux arbres en marron ombré de noir.
Arbre jaune : veiller à ne pas placer les fleurs jaunes sur le vert, elles ressortiraient mal.
Arbre blanc : garder une silhouette d'ensemble blanche. Pour ce faire, ne peindre que quelques feuilles et branchages qui feront ressortir la masse de fleurs blanches.

Dès qu'une face est terminée, délimiter les bords des motifs avec l'ongle du pouce couvert d'un linge fin. L'ongle calé sur l'angle de la porcelaine doit toujours garder la même orientation. Au besoin, faire deux passages.
Faire ensuite sécher la lampe au four avant de poursuivre le travail.
Pour réaliser le décor de chaque nouvelle face, veiller à caler le col de la lampe de façon à ce que la face précédente, et donc terminée, ne frotte jamais sur la table.

5. Été : j'ai utilisé ici un bleu de base, mais on peut également prendre du bleu céleste 12.

Peindre le ciel, très foncé dans le haut, en dégradé jusqu'à la ligne d'horizon (se reporter au paragraphe « dégradés » du chapitre « Décor par putoisage », p. 116).

Pour les feuillages, utiliser différents mélanges de vert et de jaune (pour obtenir des nuances de tons). Enfin, tirer les roseaux à partir de leur base pour obtenir des pointes très effilées.

6. Automne : utiliser du jaune 60, du brun-jaune 29, du brun 30 et du noir. Peindre les lointains dans un camaïeu très pâle de gris ou de brun. Peindre ensuite le tronc et les branches de l'arbre, puis ajouter le feuillage jaune, avec des feuilles tombant jusqu'au sol.

7. Hiver : on donne l'illusion d'un sol enneigé en peignant sur le fond blanc de la porcelaine quelques brins d'herbe jaunes qui dépassent de bosses ombrées de bleu très clair ou de gris pâle (voir par exemple l'assiette « Trois canards sur la neige », p. 99).
Le ciel, d'un gris assez sombre, se peint avant l'arbuste. Faire celui-ci sur la peinture encore fraîche, car le pinceau glisse mal sur une peinture sèche.

8. Arracher ensuite le vernis de protection et vérifier qu'il ne reste aucune trace de peinture sur les oiseaux (notamment sur les bords, becs et pointes des plumes). Nettoyer soigneusement les taches éventuelles avant de procéder à la deuxième cuisson à 830° C.

Petits coups un peu écrasés et se chevauchant

Quatre coups longs pour les quatre grandes plumes. Essuyez des « lumières ».

Attention ! La peinture doit être plus maigre que pour les fleurs. Essayez-la !

1. Dessinez ou calquez, mais seulement les lignes principales. Vérifiez soigneusement l'exactitude de votre report sur la porcelaine.
2. Préparez vos couleurs, pas trop grasses.
3. Peignez l'œil, le bec, puis le crâne à petits coups écrasés. Veillez à exprimer le volume, puis régularisez le bord au pinceau propre.
4. Peignez la queue, chaque plume en un coup partant de l'extérieur.
5. Finir par les grandes plumes des ailes.

Tableau de chasse !

Après l'étude de bonnes gravures, il est amusant d'utiliser des photos.

5

Oiseaux, canards et papillons

Oiseaux et canards - Papillons

Pour peindre des oiseaux, il faut avant toute chose choisir un très bon modèle : en effet, les photos sont au début plus difficiles à copier. Il faut en outre particulièrement bien observer le dessin pour apprendre à distinguer la forme et l'orientation des différentes sortes de plumes, ainsi que leurs proportions, l'attache des ailes et des pattes.

En règle générale, je vous conseille d'utiliser une peinture assez maigre pour que les coups ne se fondent pas, ce qui mélangerait les plumes.
Vous aurez également besoin d'un assez grand nombre de teintes, qu'il faudra malaxer d'autant plus souvent que la peinture, un peu maigre, sèche plus vite.

Oiseaux et canards

Le principe de réalisation est le même ; seules changent l'échelle des différents éléments (plus ou moins gros), les formes (plus ou moins allongées, pointues…) et les teintes utilisées, selon les modèles choisis.

Le canard

Je commence toujours par peindre l'œil et la tête ; vous verrez que par ce moyen, votre oiseau va plus rapidement prendre vie.
Je vous conseille également, pour vos premiers essais, de ne pas chercher à peindre un oiseau en vol ; la réalisation des ailes est beaucoup plus difficile !

Assiette aux deux oiseaux peinte par Solange (11 ans)

1. Effectuer éventuellement au préalable un tracé très léger de la forme générale au crayon gras (calque ou dessin direct). Celui-ci doit seulement délimiter les différentes plages de couleur.

2. L'œil est toujours un rond noir dans lequel il faut ménager une « lumière », soit sous la forme d'un point rond mais décentré, soit sous la forme d'une encoche.

Peindre ensuite le bec, en deux coups de pinceau, après avoir bien observé sa forme. Les coups partent de la tête pour finir plus ou moins en pointe.

3. Peindre alors les toutes petites plumes garnissant la tête; veiller à bien respecter leur orientation comme l'indiquent les flèches du schéma ci-dessus.
La seule difficulté pour la tête est dans la représentation de son volume : le pinceau doit être plus chargé vers les bords et doit se décharger progressivement vers une zone lumineuse au centre. Au besoin, foncer la couleur avec une pointe de gris foncé ou de noir. Souligner ensuite la prunelle, soit par un trait fin et circulaire (a), soit par quelques plumes très sombres qui vont au contraire l'allonger et l'enfoncer dans le crâne de l'oiseau (b). Régulariser les bords au pinceau rafraîchi.

4. Les plumes du jabot sont un peu plus grandes et l'on peut souligner leur extrémité d'un arc arrondi un peu plus sombre, ou au contraire plus clair en rinçant le pinceau.

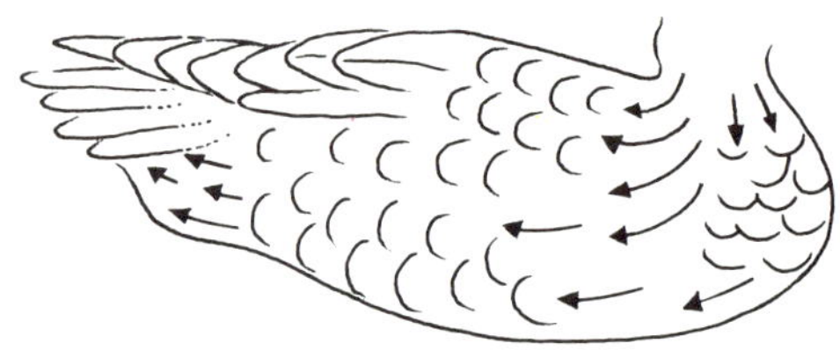

Notez bien que l'orientation des coups de pinceau change avec la place des plumes : dirigées vers le bas sous le bec et le jabot, et se couchant progressivement pour aller à l'horizontale sur le dos et sur les flancs. N'oubliez pas de toujours éclairer un peu le centre pour bien exprimer le volume.

Pour le flanc et le dos, les couleurs sont différentes et les plumes un peu plus grandes. Mais le principe des coups de pinceau à l'horizontale est le même. Souligner aussi légèrement le bout des plumes.

5. Les ailes sont plus difficiles à réussir. Au repos, elles se replient assez haut sur le dos qu'elles cachent presque totalement. Les coups de pinceau doivent être beaucoup plus longs et bien distincts les uns des autres (attention à une peinture trop grasse!).

S'il le faut, employez un calque pour vous aider à bien situer les grandes plumes.

Assiette aux 3 canards sur la neige

Selon la position de l'oiseau, on peut être amené à peindre la queue avant les ailes (lorsqu'elles croisent leurs extrémités sur le dessus de la queue).
Quand les grandes plumes se replient les unes sur les autres, commencer bien entendu par celle de dessous et la recouvrir aussitôt par les suivantes sans avoir effacé leur place (la couleur étant la même). Les coups successifs laisseront une très légère marque de surépaisseur qui soulignera chaque plume.

6. Ailes déployées. Faites particulièrement attention à la place de leur attache à l'épaule et à l'orientation des plumes (voir le schéma de la page suivante représentant l'aile d'un canard en vol).

Celle-ci comporte deux rangées de plumes très visibles, une troisième de plumes plus courtes et un duvet jusqu'à l'attache de l'aile au corps.

Remarquez, pour les deux premières rangées, la place très spéciale des plumes : à la base, elles sont pratiquement parallèles au corps et dans le haut, elles sont perpendiculaires. Leur orientation a changé très progressivement et c'est là que réside la difficulté !

Au bout de l'aile, les extrémités des grandes plumes se courbent et se détachent les unes des autres. Elles se peignent chacune en un seul coup de pinceau (comme souvent celles de la queue).

Pour donner plus de relief à ces plumes qui soulignent la beauté du vol, vous pouvez reprendre chaque extrémité avec la pointe du pinceau chargé de la même peinture mais plus foncée.

7. Très grandes plumes. Pour les gros oiseaux – les toucans par exemple –, il est nécessaire de montrer celles-ci plus en détail. Les réaliser en donnant de nombreux coups avec le pinceau assez dressé et la pointe légèrement pliée. Ces coups partent de l'extérieur et vont en biais vers l'axe de la plume. Celui-ci doit se marquer tout seul (comme pour la nervure des feuilles de rose). Veiller néanmoins à ce qu'il soit parfaitement rectiligne.

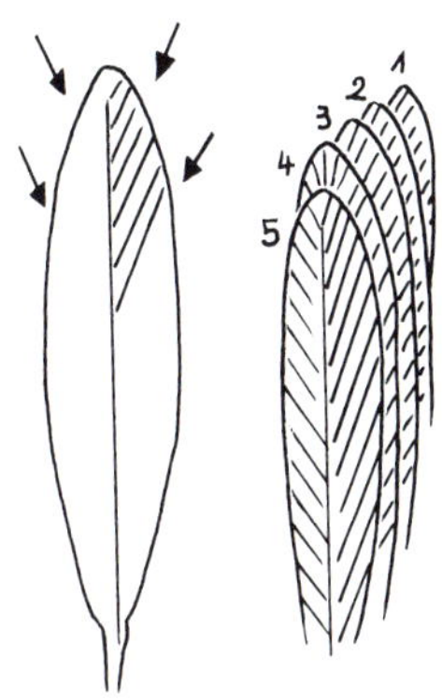

Les papillons

Cet insecte très décoratif a quatre ailes, toujours symétriques deux à deux; elles s'inscrivent dans un trapèze, les ailes supérieures recouvrant partiellement les ailes inférieures. Pour le papillon vu de profil, ailes relevées, c'est au contraire l'aile inférieure qui recouvre l'aile supérieure.

Les taches sont d'une infinie variété selon les espèces, mais elles sont toujours symétriques elles aussi. N'importe quel livre sur les papillons vous donnera des idées.

Réalisation

Après avoir tracé un trapèze, puis le corps du papillon dans l'axe central, dessiner d'un côté les ailes, puis l'emplacement des taches et des nervures. À l'aide d'un calque, reporter ensuite ce dessin symétriquement à l'axe central.

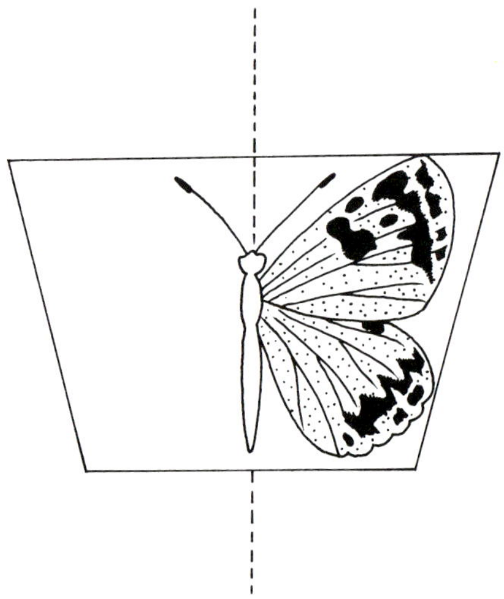

Les nervures sont parfois ramifiées et, contrairement aux taches de couleur, elles se tracent de la pointe du pinceau pour être les plus nettes et fines possibles.

Utilisation en décoration

Un grand papillon, ailes ouvertes ou fermées, peut fort bien décorer un gros vase. Par l'infinie variété de ses couleurs, il constitue toujours un excellent motif de décoration. Il peut également, même stylisé, équilibrer heureusement un motif décentré (comme sur le vinaigrier aux bambous de la page 86).
De petits insectes donnent quant à eux plus de vie à un bouquet de fleurs des champs.

Pour bien rendre la texture et le velouté des ailes, je ne tire jamais de traits pour dessiner une ligne ou une tache au pinceau. Je fais celles-ci en imprimant à la pointe de mon pinceau un mouvement de va-et-vient très serré, de gauche à droite ou inversement (voir schéma ci-dessous).

Observez attentivement les bords des ailes et des taches.

Application

Service aux canards

Couleurs utilisées : vert canard, noir 31, brun 30, gris-beige, rouge égyptien, jaune 60, bleu canard.

1. Dessiner (éventuellement à l'aide d'un calque, en réduisant le modèle si nécessaire) la forme générale au crayon gras.

2. Préparer l'ensemble des couleurs à l'exception du rouge, en veillant à ce qu'elles ne soient pas trop grasses.

3. Peindre l'œil, le bec et la tête à petites touches ; le pinceau doit être moins chargé sous l'œil pour donner le volume. Lui ajouter une pointe de noir pour ombrer la tête. Passer ensuite le pinceau propre le long des bords pour les régulariser.

4. En réservant le col, peindre à petits coups le jabot. Poursuivre vers le ventre avec le gris-beige légèrement teinté de brun au début pour éviter un changement brusque de couleur.
Le croupion et la plume de queue sont d'un noir très dense.

5. Les ailes. Commencer par l'extrémité de l'aile arrière. Border de noir les plumes bleu canard. Pour l'aile du dessus, bien veiller à respecter l'orientation progressive des plumes.

6. Terminer l'oiseau par sa patte rouge et ajouter le décor de son choix. Pour les herbes, penser que l'oiseau s'envole contre le vent.

7. Lorsque toutes les assiettes du service seront peintes, fileter leur bord avec une teinte en harmonie.
Avec un peu d'exercice, compter environ une demi-heure par assiette.

8. Faire cuire à 830° C.

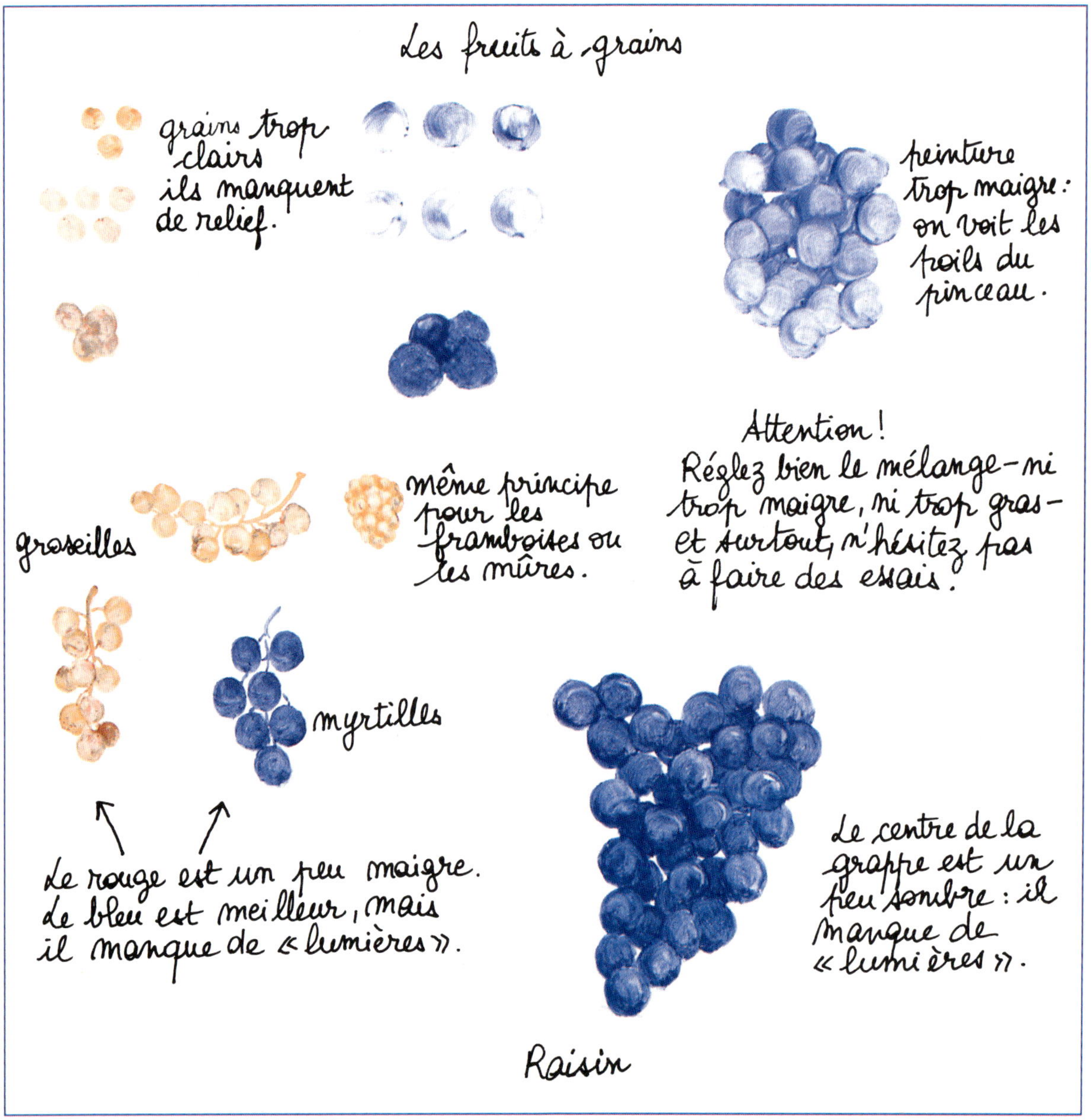
Les fruits à grains
grains trop clairs ils manquent de relief.
peinture trop maigre : on voit les poils du pinceau.
Attention ! Réglez bien le mélange - ni trop maigre, ni trop gras - et surtout, n'hésitez pas à faire des essais !
groseilles
même principe pour les framboises ou les mûres.
myrtilles
Le rouge est un peu maigre. Le bleu est meilleur, mais il manque de « lumières ».
Le centre de la grappe est un peu sombre : il manque de « lumières ».
Raisin

Les fruits... gros et petits

Fruits à petits grains - Cerises - Raisins -
Pommes, pêches, poires, etc.

La réalisation de fruits nécessite la connaissance de deux techniques bien différentes.
La première est proche de celle, déjà étudiée, pour les roses, qu'elles soient petites ou grandes. La seconde est une application directe du putois; bien qu'elle soit assez fréquemment employée, je préfère pour ma part ne pas l'utiliser pour obtenir la variété et la spontanéité d'une véritable peinture à la main.

Les fruits à petits grains

Ceux-ci sont composés de grains plus ou moins gros qui se font tout naturellement avec le petit pinceau. Vous devez maîtriser parfaitement la peinture des ronds (voir p. 51 du paragraphe « petite rose »).

1. Groseilles et cassis demandent le même travail que pour le début de la petite rose.

Les grains. Sans refaire la pointe du pinceau, partir du haut et descendre vers la gauche en écrasant les poils. Fermer ensuite le rond en remontant à droite.
Le grain étant entièrement recouvert de peinture, il faut lui donner du volume : créer alors une petite lune en délaquant la peinture.

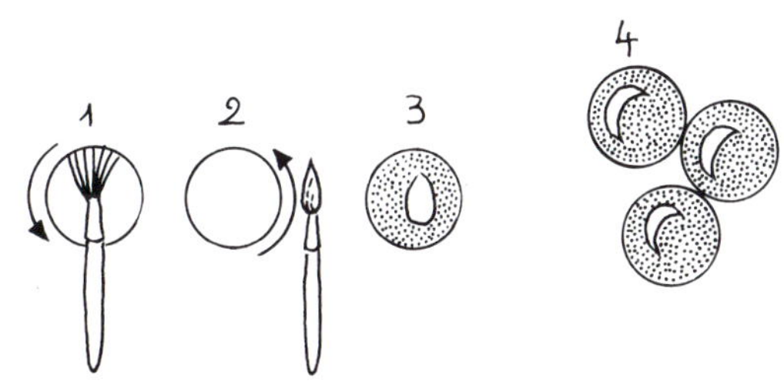

1. Écraser - 2. Relever progressivement - 3. Mauvais - 4. Lumière

2. Faire de même pour tous les grains, en respectant le sens de la lumière; les lunes se font donc toujours du même côté des grains.
Ces deux fruits sont faciles à réaliser car leurs grains ne se touchent pas.

Assiette aux groseilles

3. Les tiges. Il est préférable de ne pas les peindre avant les fruits : prévoir seulement leur emplacement pour que ceux-ci ne soient pas trop éloignés les uns des autres.

4. Les framboises sont un peu plus délicates à faire, quoique les grains soient minuscules. En effet, ceux-ci se touchent et la difficulté réside dans l'expression du volume. Il faut donc, pour cela, ne pas les peindre côte à côte, mais de façon à ce qu'ils se superposent très légèrement. Pour représenter la partie la plus éclairée du fruit, décharger le pinceau ou, au besoin, utiliser une peinture un peu plus mouillée.

Veillez cependant à ce que vos teintes soient bien dégradées et ne changent pas brusquement d'intensité.

Les cerises

Tous les fruits à « gros grains » – cerises, raisins, etc. – se peignent avec le gros pinceau, avec une touche ressemblant à la « grosse goutte ». Il faut, en effet, savoir coucher le pinceau pour garnir une surface plus importante sans laisser de traces d'épaisseurs. C'est le même travail que pour le début de la grosse rose.

1. La cerise. Il suffit de la garnir en deux coups partant d'en haut et déposant leur ombre en fin de passage.
Veiller à ce que les ronds soient parfaitement ronds ! C'est un exercice un peu délicat ; au besoin, effectuer un tracé préalable au crayon gras sur l'assiette à essais pour guider le pinceau. Attention à bien suivre le trait.

Ces tracés vous obligeront à respecter une ligne parfaitement circulaire. Peu à peu, comme pour tous les exercices que vous vous imposerez, vous prendrez de l'assurance.

2. Souligner d'un arc un peu plus foncé la naissance de la queue et, si nécessaire, délaquer très légèrement une petite lune. Veiller dans ce cas à respecter l'échelle : trop petite, elle n'aurait pas de sens sur une boule un peu grosse.

Les raisins

Les exercices que vous avez sans doute faits pour la cerise vous aideront pour la peinture de la grappe de raisin.
Que celle-ci soit vert-jaune, jaune-vert ou bleu violacé, il faut peindre des grains de 10 à 12 mm de diamètre, et donner du volume à l'ensemble.

Attention ! Si vous préparez une peinture trop grasse, tous les grains se fondront entre eux et vous risquez d'obtenir une « tache »... en forme de grappe.
Je vous conseille de commencer par de petites grappes (et non de petits grains), ou de vous exercer avant d'en peindre une plus grosse.

1. Dessiner, au crayon gras et par un seul trait extérieur, la silhouette de la grappe choisie.

Plat aux raisins

2. Les grains. L'idéal est de peindre chaque grain en une seule fois. Si nécessaire, dessiner légèrement les grains à la taille voulue pour bien suivre leur tracé et le garnir entièrement.

Technique. Charger soigneusement le gros pinceau sans refaire sa pointe. Au contraire, écraser celui-ci de manière à placer les poils le plus possible en éventail tout en le penchant vers la droite.
Comme pour tous les autres ronds peints en une fois, partir du haut, descendre vers la gauche et, en redressant légèrement le pinceau, remonter pour fermer le rond à droite.

Il faut s'exercer pour arriver à combler toute la surface. Vous y arriverez plus facilement en couchant légèrement votre pinceau en biais devant vous (comme pour la « grosse goutte »).

N.B. Si la pointe de votre pinceau habituel vous gêne trop, il existe des pinceaux en petit-gris à bout carré (série 6240 par exemple).

3. La grappe. Imaginez maintenant que vous allez commencer par les grains de raisin qui sont au cœur du fruit. Ils ne reçoivent que peu de lumière et sont donc plus sombres.

Même grappe avec quelques grains foncés au centre

Avec le pinceau bien chargé de peinture, peindre, à l'intérieur de la silhouette, quelques grains un peu espacés les uns des autres (1 à 6). Essuyer aussitôt le pinceau sur la plaque de verre pour le dégarnir puis, avant que la peinture des premiers grains ait séché, en rajouter d'autres qui seront donc un peu plus clairs. Ces derniers doivent à la fois chevaucher légèrement les premiers, et se chevaucher un peu entre eux.
Enfin, avec le pinceau pratiquement propre, peindre les derniers grains. Ils seront encore plus clairs puisque leur teinte n'est obtenue que par le délaquage partiel des grains précédents.

La plus grosse difficulté est de réaliser la totalité de la grappe assez rapidement pour que les couleurs déjà appliquées restent souples : chaque grain, en effet, se fait en partie avec la couleur déjà posée.
N'hésitez pas à faire de nombreux exercices ! Lorsque vous aurez le coup de main, vous verrez comme il est amusant de composer ce fruit au fur et à mesure de l'inspiration, pour en varier la forme et les lumières.

4. Finitions. Ajouter quelques petites lunes pour augmenter les reflets, sans en faire trop.
Queue et sarment compléteront le réalisme du fruit. Peindre ce dernier comme les troncs (voir les schémas a et b du bas de la page 92) pour obtenir une ombre d'un côté, en ajoutant quelques traits plus sombres pour en représenter l'aspect ligneux.

Les gros fruits

Les gros fruits – pommes, pêches, poires, etc. – peuvent se peindre en utilisant la technique du putois car il est difficile de ne pas laisser les traces des différents passages du pinceau. Reportez-vous donc au chapitre suivant, en suivant les explications données pour les putois de plusieurs teintes.

Le travail consiste alors, une fois le tracé préalable du fruit effectué, à disposer des taches plus ou moins rouges, brunes ou vertes qui donneront son volume au fruit.

Il est généralement préférable d'avoir deux éponges pour ne pas obtenir, à l'usage, une teinte uniforme, mélange des deux ou trois couleurs primitivement déposées.
Je vous rappelle que l'emploi du rouge et du jaune est délicat, le deuxième mangeant le premier. Vous pouvez donc, soit placer ces deux couleurs côte à côte soit, plus facilement, employer un pourpre pas trop foncé.

N'hésitez pas à utiliser les reliefs ou les formes de vos porcelaines !

Soulignés de couleur, les fruits de ce moule à tarte n'en sont devenus que plus appétissants…

Application

Bien que le travail au putois soit plus simple, je m'amuse encore davantage en réglant ma peinture de telle sorte que je n'aie pas un seul coup d'éponge à donner.

1. Dessiner les quatre gros fruits au crayon gras (petits fruits et feuilles viendront à la fin).

2. Préparer les couleurs assez grasses et souples : vert, jaune et rouge égyptien.

3. Commencer par la poire. Placer les ombres avec du vert déjà éteint de jaune, puis, avec le jaune seul, donner de longs coups ondulés comme si le pinceau passait sur le relief d'une vraie poire. Ces coups doivent terminer leur passage sur une partie du vert, avec lequel le jaune va donc se mélanger.
Si l'ensemble n'est pas satisfaisant, rectifier en frôlant les imperfections. Effacer la place de la pomme jaune.

4. Pomme jaune. Ombrer sans hésiter en rouge, puis terminer en jaune par de longs coups arrondis respectant le volume à donner. Après la cuisson, le jaune va « manger » en grande partie le rouge, mais il en restera suffisamment pour rendre les ombres de la pomme. Effacer la place de la pomme rouge.

5. Pomme rouge. Cette dernière se peint en une seule teinte selon le même principe pour donner le volume. Bien dégrader la couleur en allant vers le centre.
Attention : les coups doivent également être de moins en moins arqués.

6. Citron. Il se peint comme la poire, mais avec moins de vert.
Nettoyer les taches éventuelles et effectuer une première cuisson à 830° C.

7. Préparer maintenant un mélange de vert et de jaune, et du noir.
Feuilles. Les peindre en entier, y compris pour celles qui sont en partie cachées par les fruits. Effacer ensuite la peinture placée sur les fruits (déjà cuits), ce qui va les faire passer en dessous. La peinture étant transparente, on ne peut en effet plus placer de feuille sur un fruit.

8. Mélanger le rouge, le vert et le noir pour obtenir un brun, et peindre les queues et les branches.

9. Peindre les petits fruits en vous reportant aux explications données au début du chapitre.
Fileter et effectuer une deuxième cuisson à 830° C.

Marguerites blanches réalisées à l'aide de réserves.

1 et 2

1. Tracer les repères des fleurs par des ronds et des ovales au crayon.

2. Réserver au vernis les fleurs, plus quelques feuilles.

5 et 6

3. Avec 3 couleurs (vert, jaune et pourpre) peindre les feuillages du fond en les estompant par « balayage » : avec un pinceau à bout carré, dressé et frôlant les couleurs. Les mélanger en allant vers le centre.

3 et 4

4. Enlever le vernis.
Laisser sécher ou cuire à 200°C.

5. Finir les fleurs en les ombrant d'un peu de gris (pas trop).
Ombrer de vert les cœurs jaunes.

6. Peindre les feuilles qui avaient été réservées en vert et jaune, vert et noir, et vert et pourpre, toujours par double prise de couleurs.

Décor par putoisage

Préparation d'un putois - Les différentes utilisations d'un putois

Je travaille généralement sur de la porcelaine blanche achetée dans le commerce.

On trouve plus rarement une autre qualité de porcelaine appelée « céladon », généralement très fine et légèrement teintée en vert ou en bleu très pâles. Celle-ci est colorée dans la masse ; elle semblera bleue ou verte selon la teinte dominante du décor.

Il existe maintenant dans le commerce des pigments appelés « céladon » qui permettent, par putoisage, d'imiter en surface cette qualité.

La technique du décor par putoisage, abordée dans ce chapitre, vous permettra de réaliser des fonds entièrement colorés de la teinte de votre choix.

On peut l'utiliser comme élément décoratif à part entière – pour un fond de boîte ou le rebord d'un cendrier par exemple –, ou comme fond devant être peint d'un motif.

On peut également employer le putois en ménageant des plages blanches ; celles-ci, appelées *réserves*, définissent un ou plusieurs cartouches destinés à être décorés. Les réserves peuvent aussi constituer en elles-mêmes un élément de décoration (comme sur l'assiette bleue au lotus, p. 115).

Enfin, cuit une première fois, il est la base de décorations telles que le cailloutis ou les bambous du vinaigrier proposé p. 86-87.

Lampe bleue de style Rouen

Préparation d'un putois

Le matériel est un peu différent de celui que vous avez employé jusqu'ici ; vous en trouverez la liste à la fin du premier chapitre (p. 13).

La peinture putoisée est particulièrement sensible aux poussières. Attention donc aux vêtements que vous portez et à l'endroit où vous travaillez !
De la même façon, votre plaque de verre doit être parfaitement nettoyée à l'alcool.

1. Sortir l'éponge à putoiser (en mousse) du sachet plastique où vous la conserverez à l'abri des poussières lorsqu'elle aura été nettoyée.
Prendre le pinceau large, l'essence de térébenthine, l'essence grasse et l'essence de lavande (aspic ou girofle ont le même effet de retarder le séchage).

2. Préparation de la peinture. Sortir une bonne quantité de poudre. Il en faut beaucoup plus que pour peindre, d'une part parce qu'on la pose souvent en couche plus épaisse, d'autre part parce qu'on en garnit presque toujours une assez grande surface et enfin, parce que le gros pinceau absorbe au départ beaucoup plus que le petit !
Mouiller la poudre avec la térébenthine comme habituellement et la travailler longuement puisqu'elle est en grosse quantité. Elle doit être généralement plus épaisse que les peintures à peindre (épaisse signifie « un peu moins de térébenthine »).
Ajouter l'essence grasse. Naturellement il en faut plus, mais les proportions restent à peu près les mêmes que pour de grands pétales.

Attention ! Si vous graissez trop, le putois pourra couler ou écailler à la cuisson. Ce dernier type d'accident est irréparable, l'émail de la porcelaine ayant été arraché en même temps que la couleur ! Essayez donc très soigneusement votre préparation.

Ajouter enfin, selon la quantité préparée, 2 à 6 gouttes d'essence de lavande qui permet de retarder le séchage au cours du travail (tenir compte cependant de ce que l'essence de lavande graisse encore un peu).

Rappelez-vous qu'un putois commencé doit être terminé ! En effet, il ne tolère pas les reprises et ne vous laisse donc pas le temps de refaire de la peinture.
Si le travail terminé, il vous reste de la préparation... faites des exercices !

Essai de la préparation

1. Il faut maintenant procéder à un premier essai de putois. Pour ce faire, rafraîchir le gros pinceau en le trempant dans la térébenthine, l'essuyer sur le chiffon, puis le garnir sur la moitié de sa longueur. Étaler très régulièrement la peinture en donnant trois à quatre coups côte à côte (sur quelques centimètres carrés). Essayer de marquer les passages le moins possible. On peut effacer les traces éventuelles en croisant les coups sans appuyer.

2. Prendre l'éponge à putoiser et la serrer entre trois doigts de façon à obtenir un tampon assez ferme et arrondi dont les bords se relèvent.

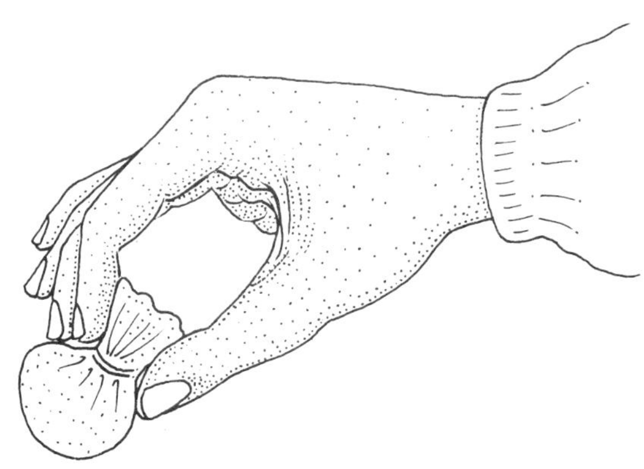

Assiette aux lotus; le fond bleu putoisé a été réalisé en 2 cuissons successives pour obtenir une plus grande intensité de la teinte.

C'est cet arrondi qui va travailler la peinture; si les bords ne se relèvent pas, ils toucheront la peinture et laisseront des marques.

3. Rafraîchir ce tampon bien serré en le tapotant sur un papier essuie-tout mouillé de térébenthine (ne le trempez pas directement : il serait trop mouillé!). Puis, pour le charger sans excès, le tapoter sur la plaque de verre à un endroit garni d'une très fine couche de peinture.
Il ne reste plus qu'à tamponner avec légèreté l'essai de putois, par de petits coups donnés avec un poignet souple. Veiller à déplacer le tampon sans arrêt sur toute la surface de l'essai.

Si votre putois est granuleux, c'est que la peinture est trop maigre ou pas assez travaillée.
Si les grains de l'éponge laissent des marques d'humidité, c'est qu'elle est trop mouillée ou que la peinture est trop liquide.
Si l'essai sèche trop vite, ajoutez un peu d'essence de lavande.

Le putois

Si l'essai vous semble parfaitement réussi, vous pouvez passer à l'exécution du putois.

1. Garnir au pinceau, le plus rapidement possible, toute la partie à putoiser (avec le minimum de marques, et de préférence en croisant les coups). Ne pas trop appuyer pour ne pas laisser de traces.

2. Tamponner avec l'éponge en la déplaçant sans arrêt. Il faut putoiser rapidement toute la surface, quitte à revenir pour améliorer les endroits qui paraîtraient imparfaits. Appuyer bien régulièrement pour éviter que le putois ne soit nuageux, mais toujours avec légèreté.

Gardez toujours le même geste souple et léger. Si vous tapez trop lourdement, vous ferez des marques difficiles à rattraper.
Si un endroit vous paraît trop clair, regarnissez un peu votre éponge.
Si un endroit vous semble trop foncé, dégarnissez votre éponge en la tapotant sur une partie de la plaque vierge de peinture.
Ne commencez pas en putoisant de trop grandes surfaces comme un vase ; vous risquez de ne pas préparer assez de peinture ou de ne pas faire assez vite et vous perdriez toute votre préparation.
Enfin, faites attention à la manière dont vous tenez la pièce à putoiser (étudiez la question avant de commencer !). Ne faites pas de traces de doigts, elles ne s'enlèveraient sans doute pas.

Utilisations des putois

Les dégradés

Si le modèle choisi exige un dégradé, il ne faut pas étaler la peinture sur l'ensemble de la surface. Garnir au pinceau la partie la plus foncée (tout en haut par exemple pour faire un ciel). C'est l'éponge qui va se charger de dégrader.
Charger donc normalement celle-ci, puis tamponner en descendant sur toute la hauteur une première fois.
Revenir au début et effectuer un deuxième passage à côté. L'éponge ayant de moins en moins de peinture, la couche déposée est plus fine et donc plus claire à mesure que l'on descend. Il faut faire vite…

Les putois de plusieurs teintes

Pour obtenir un putois de plusieurs teintes, placer au pinceau plusieurs taches de ces différentes couleurs, puis les fondre doucement entre elles sur les bords par un passage léger de l'éponge.

N'insistez pas trop, vous mélangeriez les couleurs au point de n'en plus faire qu'une (au besoin utilisez plusieurs tampons). Cette technique est utilisée pour imiter les marbres (fond putoisé sur lequel on ajoute des marbrures au pinceau).

Les réserves avant putoisage

Comme son nom l'indique, la réserve est une surface blanche obtenue par protection de la porcelaine au moyen d'un vernis à l'endroit désiré.
Pour réaliser une ou plusieurs réserves, on emploie donc un « vernis à réserver » qu'on étend au pinceau. Il s'agit d'un liquide coloré en

Assiette d'inspiration chinoise avec cartouches soulignés d'un filet or (à faire à main levée)

rouge, assez sirupeux et soluble à l'eau. Étant soluble à l'eau, il est incompatible avec la peinture de putoisage préparée à la térébenthine. Ce vernis sera ensuite facilement supprimé avant la cuisson, comme nous le verrons plus loin.

Notez que ce produit dégrade assez vite les pinceaux. Employez, pour l'étendre, des pinceaux déjà usés. Pour les nettoyer, trempez-les dans l'eau quelques minutes sans toucher aux poils ; le vernis se dissoudra tout seul. Bien les rincer.

Les putois avec réserves : cartouches et œils-de-perdrix

1. Dessiner d'abord l'emplacement des réserves. S'il s'agit de plusieurs cartouches de même taille et de même forme, je vous conseille de fabriquer un pochoir en papier Canson un peu épais, qui vous simplifiera le travail.

Mettre un peu de vernis dans un godet et bien refermer la bouteille.

2. Au départ, écraser le pinceau chargé de vernis jusqu'à ce que les poils touchent le trait sans le dépasser, puis le tirer doucement le long de ce trait.

Les parties blanches sont à vernir.

3. Agir de la même façon pour les courbes, les poils étant toujours allongés le long du trait qu'ils ne doivent jamais dépasser.
Il n'est pas nécessaire d'étendre une couche épaisse de vernis, mais il est indispensable qu'il y en ait partout, côté réserve. Par contre, si l'on en pose par mégarde du côté prévu pour le putois (à l'extérieur du cartouche), on obtiendra, après l'arrachage du vernis, un manque impossible à corriger !
Lorsque le vernis est bien sec (il ne doit plus coller au doigt), commencer le putoisage selon la méthode conseillée plus haut.

Si vous placez le pinceau perpendiculairement au trait, ou trop en biais, vous ne travaillerez qu'avec sa pointe et ferez un trait moins droit. Encore une fois, les défauts dans la pose du vernis se corrigent très difficilement !
Le vernis étant épais et sirupeux, il a tendance, lorsqu'on charge le pinceau, à faire une perle au bout des poils. Si vous voulez faire un trait fin (pour la queue d'une fleur, par exemple) ou garnir un angle très pointu (pour protéger l'extrémité d'une feuille ou d'un pétale), tenez votre pinceau perpendiculaire à la porcelaine et frôlez-la seulement, en tirant vers vous de préférence (c'est plus facile).

4. Arrachage du vernis. Le vernis doit être parfaitement sec. Il faut toujours l'arracher avant la cuisson : il disparaît en effet lors de celle-ci, mais laisse apparaître la couleur qui peut l'avoir partiellement recouvert au moment du putoisage.
Prendre une pointe très fine, celle d'un compas par exemple, et piquer de préférence à l'endroit où le vernis est le plus épais.
Tirer doucement vers le haut et, au besoin, s'aider d'une pince à épiler pour saisir la pellicule. Il ne faut absolument pas que celle-ci retombe sur le putois, surtout s'il est frais : elle y ferait des marques.
Si la pellicule est assez épaisse, elle part en une seule fois. La maintenir toujours en l'air, au besoin avec la pince, et en déplaçant celle-ci pour saisir la pellicule plus près du putois.
L'opération est assez simple pour un cartouche, et plus difficile pour un motif compliqué (voir l'assiette bleue au lotus, p. 115).

5. Œils-de-perdrix. Protéger d'abord la porcelaine en créant au vernis de petits ronds disposés régulièrement et en quinconce ; ceux-ci formeront la base du motif.

En disposant ces petits ronds de vernis, prenez bien garde qu'un « fil » de vernis ne tombe pas sur la porcelaine à un endroit qui doit être putoisé. Ce fil peut être extrêmement fin, et vous pourriez ne pas le remarquer. Sachez toutefois que, s'il s'arrache avec un rond, il aura laissé une trace blanche dans votre putois.

Une fois le vernis sec, putoiser avec la teinte choisie, qui peut être claire (prendre au besoin du blanc de base et le teinter).
Avant la cuisson, ne pas oublier d'arracher les rondelles de vernis comme indiqué plus haut.
C'est un travail de patience, car il faut naturellement piquer chaque point séparément !

Après la cuisson du putois, terminer chaque œil-de-perdrix en l'entourant de sept à neuf points, selon la taille des ronds. Choisir une teinte foncée se mariant bien avec le fond clair : pourpre sur du rose, vert-noir sur du vert clair, brun sur du jaune, etc.
Ces points doivent être faits de la pointe du pinceau et aussi réguliers que possible.

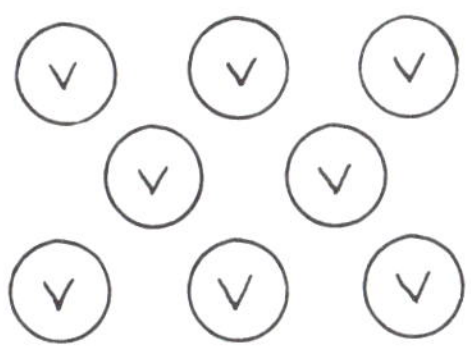

Œil-de-perdrix
Vernir sur les ronds avant le putoisage.

Cailloutis
Le putois est cuit avant la réalisation du cailloutis.

Les cailloutis

Après cuisson d'un fond putoisé, on peut procéder à n'importe quelle décoration, pourvu que la teinte employée soit plus foncée. En effet, la peinture étant transparente, il est impossible de poser une teinte claire sur une plus foncée (c'est cette dernière qui ressort ou, au mieux, se trouve légèrement atténuée).

Le fond putoisé doit être parfaitement réalisé, c'est-à-dire tout à fait lisse et brillant. Dans le cas contraire, vous éprouveriez de grandes difficultés à « tirer » les coups de pinceau. Il faut en effet retrouver la qualité de l'émail d'origine.

Il suffit, pour créer un cailloutis, de tracer avec la pointe du pinceau différents ovales en variant leur taille, leur forme et leur orientation. Ces ovales doivent presque se toucher entre eux.

Il faut bien sûr utiliser une teinte se mariant avec le putois.
Vous pourrez également, lorsque vous en maîtriserez la technique, faire ces cailloutis – comme d'ailleurs les points entourant l'œil de perdrix – en or.

Je me suis bien amusée à peindre ces salières en porcelaine ancienne !

Application

J'avais, à l'origine, vu des dessins géométriques en réserve sur un vase en céramique de Géorgie, lesquels m'ont inspiré d'abord un service à café, puis cet ensemble.

Préparation du dessin

Comme le travail de base est celui des réserves et que la couleur est très foncée, j'ai mis au point un dessin en continu, pour faciliter l'arrachage du vernis.
Les tasses sont peintes à main levée en utilisant simplement le cercle diviseur.

Par contre, pour pouvoir obtenir le même dessin sur l'ensemble des soucoupes, il faut préparer un poncif. Procéder de même pour les assiettes et pour les plats (un poncif par diamètre).

Préparation de la peinture

Ce service nécessite beaucoup de pigment ; ici, un bleu de base que j'ai foncé avec du noir. N'hésitez donc pas à questionner les fabricants pour avoir un conditionnement important.
Dans le cas d'un mélange, il est difficile de

retrouver les proportions. On peut donc le préparer à sec (bien l'étiqueter) et en prélever au fur et à mesure des besoins.
J'ai adopté un autre système évitant en outre le réglage fastidieux de l'essence grasse. Il suffit de préparer 50 g de pigment et de le conserver… au congélateur! Ainsi, la peinture ne subit aucune évaporation.
Je vous conseille de peindre et de cuire une pièce pour bien juger du résultat avant de faire une série.

1. Placer le vernis selon le poncif établi sur le bord des bandes (au moins le bord intérieur). Pour éviter tout liseré de surépaisseur, en placer des 2 côtés et protéger également les anses (c'est un gain de temps au moment du nettoyage).

2. Étendre la peinture de fond au pinceau large. Il est préférable d'éviter l'éponge à putoiser, qui a tendance à soulever le vernis. Pour la même raison, ne pas appuyer.

3. Arrachage du vernis. Repérer l'endroit où il est placé en plus forte épaisseur : ce relief permet de l'identifier plus facilement sous cette couleur très foncée.
Le piquer à l'aiguille en l'éloignant au fur et à mesure du putois. Procéder avec douceur compte tenu de sa longueur afin de ne pas le casser inopinément.

4. Vérifier que la pièce est parfaitement propre. Si nécessaire nettoyer, puis effectuer une cuisson à 900° C.

Le motif est reporté trois fois en continu.

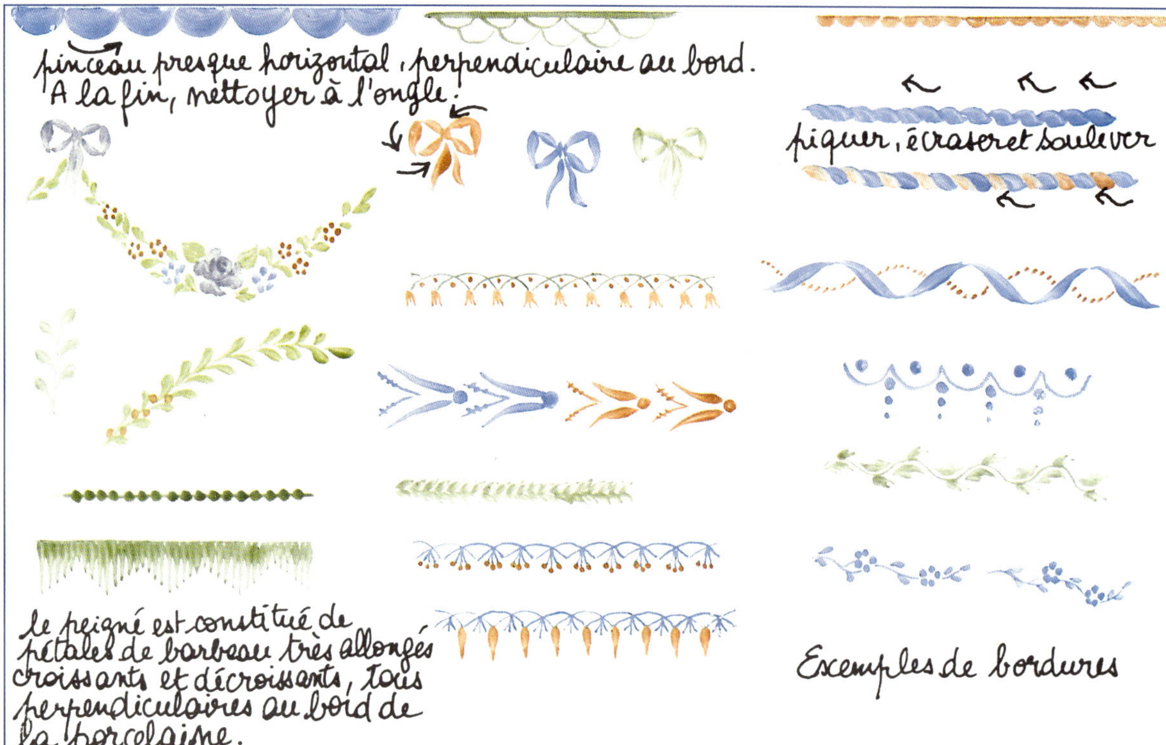

Les bordures sont faites pour mettre en valeur la forme, le motif et le style de la porcelaine (non pour attirer le regard).

Lorsque vous aurez trouvé la bordure adaptée, préparez-la au crayon à l'aide du cercle diviseur ou au mètre ruban. Avant de la réaliser, exercez-vous sur l'assiette à essais pour obtenir une bonne régularité.

2

Finitions : bordures et filets

Les bordures - Les filets

Une pièce de porcelaine peut être belle sans pour autant être chargée. Un motif très simple, pourvu qu'il soit bien adapté à la forme de l'objet, peut suffire à la mettre parfaitement en valeur.
Vous remarquerez également à l'usage que vos travaux ont parfois un air inachevé s'ils ne sont pas complétés soit par une bordure, soit, plus souvent, par un simple filet.

Les bordures

Les bordures ne posent pas de problèmes particuliers. Il faut cependant chercher – parfois longuement – celle dont le style conviendra le mieux à la pièce et au motif choisis.

1. Couronne de petites feuilles. Je vous conseille de commencer par cette bordure simple, qui utilise les coups de pinceau déjà appris.
Il est préférable, pour ne pas alourdir la couronne, de ne pas peindre de tige. Tracer néanmoins celle-ci au crayon : elle servira de guide pour la pose des feuilles.
Avec le pinceau fin, tirer une première feuille jusqu'au trait en le recouvrant très finement sur 1 ou 2 mm. Tirer la suivante en couvrant le trait de la même manière. On obtient, au final, une couronne de petites feuilles accrochées à une tige pas trop rectiligne. Si les dernières feuilles diffèrent trop des premières, en effacer quelques-unes et les refaire.

2. Bordures avec le cercle diviseur. Pour des intervalles allant jusqu'à 10 mm, il est tout à fait inutile d'employer un cercle diviseur. Par contre, vous n'obtiendrez de véritable régularité que progressivement.

Même si vous vous êtes aidé du cercle diviseur, les derniers motifs auront toujours tendance à se démarquer des premiers. Il vous suffira alors d'en effacer deux ou trois et de les refaire pour que le contraste devienne imperceptible. Ce principe est valable pour toutes les bordures et même pour les décorations de style « rayonnant ».
Enfin, rappelez-vous que la bordure est destinée à mettre en valeur un motif et non à attirer l'attention sur elle. Ce n'est bien sûr pas une raison pour en bâcler l'exécution...

Boule à parfum

Les filets

Le véritable filet est une ligne, souvent très fine et intérieure au bord (voir l'assiette aux gros fruits de la page 110).
Le filet bande (ou bord) peut être rectiligne ou circulaire.

Les filets simples

Ils nécessitent la possession d'une tournette de décorateur. Cet appareil, assez lourd, comporte un plateau de 25 à 28 cm de diamètre, monté par roulements à billes sur un pied plus ou moins haut, réglable ou non. Vous le trouverez chez certains revendeurs de produits pour céramique, mais il est assez coûteux. Il faut cependant qu'il soit de bonne qualité pour ne pas ajouter ses défauts à ceux de la porcelaine ; il doit être suffisamment lourd.

Tournette à pied. Approcher celle-ci de la table et la régler en haussant ou baissant le pied de telle sorte que, le poignet en appui sur la table, le pouce tendu frôle le bord de l'assiette (naturellement sans toucher le plateau !).
Faire tourner lentement le plateau, sans que le pouce bouge, pour voir si l'assiette reste toujours à même distance du bord. Si ce n'est pas le cas, recentrer l'assiette en la faisant glisser sur le plateau par petits coups légers.

Tournette de table. Empiler des livres jusqu'à ce que, le poignet étant posé sur eux, le pouce se trouve au niveau du bord de l'assiette.

Procurez-vous également un pinceau à sifflet, assez gros pour contenir suffisamment de peinture.

1. Centrage de la pièce. Il faut d'abord apprendre à faire tourner régulièrement le plateau : avec l'index de la main gauche, donner sur la tranche du plateau de nombreux, légers et tout petits coups successifs pour entraîner celui-ci.
Poser au centre de la tournette la pièce à fileter en s'aidant des cercles concentriques sur le dessus du plateau (je vous conseille de commencer par une assiette). Vérifier le centrage avec le pouce tendu.

Vérifiez le centrage avec le pouce.

Le plateau doit tourner assez lentement. Si vous donnez des impulsions plus fortes et moins nombreuses, il tournera trop vite et irrégulièrement.

Pour les pièces dont le diamètre est supérieur à celui du plateau, faire tourner celui-ci de la façon indiquée plus haut mais en plaçant le poignet gauche assez bas pour ne pas toucher la pièce à peindre.
Pour de très petits objets, leur faible poids est une gêne – ils pourraient bouger au passage du pinceau. Je vous conseille de les charger avec des billes de plomb.

2. Garnissage du pinceau. La peinture doit être très soigneusement préparée, assez souple et pas trop épaisse (pour pouvoir bien descendre le long des poils).
Charger le pinceau en le déplaçant à plat et de droite à gauche dans la peinture; les poils s'écartent et se garnissent sur toute leur longueur. Le décharger en le tirant vers soi à plusieurs reprises, toujours bien à plat pour lui garder sa forme de sifflet. Le tourner alors à 90° et frôler la plaque avec l'extrémité biaisée. Tirer un trait fin pour l'essayer.

3. Filetage d'une assiette. L'assiette étant centrée, on peut éventuellement, pour mieux se repérer, tracer un filet au crayon gras à l'emplacement prévu. Attention cependant à ne pas décentrer l'assiette en appuyant trop fort !

Une assiette qui allie l'utilisation de filets et de bordures.

Gardez en mémoire les règles principales, à savoir :
– Le pinceau ne doit pas bouger.
– Il doit être parfaitement chargé et reformé.
– Vous devez le placer de telle sorte que la touffe de poils soit dans un plan perpendiculaire à la porcelaine à l'endroit où est tracé le filet.
– Ne piquez jamais le pinceau sur une pièce à l'arrêt.

Position du pinceau. Il doit toujours être posé bien dressé et perpendiculairement au plan de la porcelaine à fileter, les poils longs au-dessus et les plus courts n'étant visibles ni sur la droite ni sur la gauche.

Si vous couchez votre pinceau à droite ou à gauche, le filet ne sera pas net sur les bords.

Charger le pinceau au dernier moment et le placer au-dessus du trait de crayon (dans la position indiquée) mais sans toucher la porcelaine. Mettre la tournette en route et, lorsqu'elle tourne régulièrement, piquer la pointe à l'endroit désiré. Puis, sans cesser de faire tourner l'assiette, peindre un « cheveu » sur le tracé préalable au crayon.

Position des mains pour le filetage

N'oubliez pas que le pinceau reste parfaitement fixe ; c'est l'assiette qui « défile » en dessous. Veillez également à ne pas relever le pinceau à la fin du premier passage.

Au deuxième tour, incliner très légèrement vers l'arrière la touffe de poils : c'est alors l'extrémité biaisée qui va élargir le cheveu, plus ou moins selon l'orientation donnée au pinceau.

Il est très difficile de faire des « reprises » en cours de filetage. Si vous vous y essayez, ne manquez pas de faire tourner le plateau avant de poser le pinceau pour effectuer la retouche. Posez-le en abordant le passage trop sombre pour tirer sa peinture sur le passage plus clair.

4. Problèmes éventuels.

A - Le filet n'est pas partout à égale distance du bord.

L'assiette peut être mal centrée : dans ce cas, vous auriez dû le voir en traçant le filet au crayon gras. Si ce n'est pas le cas, vous avez sans doute bougé !

L'assiette peut aussi ne pas être parfaitement ronde (vous auriez dû le voir avec votre pouce). Il faut alors tourner assez lentement pour prévoir l'endroit défectueux et tricher en déplaçant très légèrement le pinceau.

B - Vous n'avez pas pu faire la totalité du filet.

C'est que votre peinture est trop maigre ou trop dure (pas assez mouillée) ; rectifiez ce défaut. Vous pouvez également avoir mal chargé votre pinceau.

C - Votre pinceau est bien fixe mais, à certains endroits, il ne touche pas la porcelaine.

Ceci vient sûrement de l'assiette qui doit être en « hélice d'avion ». Trichez donc comme expliqué plus haut, en écrasant un peu plus la touffe de poils au deuxième passage aux endroits où vous avez repéré des manques.

C'est pour l'ensemble de ces raisons que je vous conseille de ne pas imprimer au plateau un mouvement trop rapide.
Il est cependant fort possible que votre premier filet soit une réussite. Tant mieux !

N'hésitez quand même pas, à vos débuts, à garnir toute une assiette à essais de ronds concentriques plus ou moins larges. C'est un très bon exercice pour acquérir plus d'aisance.
Si, au contraire, c'est une catastrophe, ne vous découragez pas; prenez une autre assiette et exercez-vous encore.
Vous y arriverez forcément. Il est tout à fait regrettable de rencontrer des « peintres sur porcelaine » qui se refusent à fileter.

Les filets bandes

1. Filet bande rectiligne. Prendre un pinceau ordinaire pas trop fin. Avec le poignet bien calé et le majeur glissant sur le côté de la pièce, tirer le pinceau vers soi. Celui-ci doit se déplacer rigoureusement dans l'axe du filet prévu en gardant constamment la même pression sur la touffe de poils. Essayer d'abord avec un crayon.

Ne vous inquiétez pas trop si vous tremblez au départ; la sûreté de main ne vient souvent qu'à l'usage !

Sans changer ni l'orientation ni la pression, tirer jusqu'à l'angle de la pièce à fileter.
Faire le côté suivant en respectant les mêmes conditions.

Remarquez d'une part que c'est en son centre que la touffe de poils touche la porcelaine et que, d'autre part, plus le pinceau est positionné à l'horizontale, plus le filet sera visible sur le dessus.
Attention également à la peinture que vous préparerez ! Il ne faut pas qu'elle soit trop liquide – ce qui la rendrait pourtant bien agréable à poser – ni trop grasse, car elle coulerait ou écaillerait à la cuisson.

2. Filet circulaire au bord. Dans tous les cas, utiliser la tournette. C'est l'orientation du pinceau qui détermine leur emplacement et leur largeur.

– Pinceau horizontal : pour les filets placés sur le dessus (voir photo).
– Pinceau hampe en haut : filets intérieurs.
– Pinceau hampe en bas : filets extérieurs.

Filet bande circulaire

Pour tous les filets exécutés à main levée, il faut s'abstenir de charger trop le pinceau, et éviter les reprises, qui seraient très visibles.
Il est par contre possible, après une première cuisson, de repasser une deuxième fois sur l'ensemble du filet : on peut ainsi diminuer considérablement les différences de ton qui pouvaient paraître choquantes.

3. Filet bande large. Il est préférable d'utiliser un pinceau à bandes à bout carré à grande capacité.
Coucher le pinceau dans l'axe et le relever doucement à la fin.

Position de la main et du pinceau à bandes pour le bord extérieur d'un légumier. J'ai utilisé un pinceau n°10 dans la série 6317 (longueur des poils 30 mm).

Application

Cette lampe (hauteur 40 cm) permet l'application de pratiquement toutes les techniques abordées dans ce livre.

1. Préparer pour commencer les différents cartouches, soit 5 formes découpées dans du carton léger.

2. Tracer sur la lampe au crayon gras le contour de ces formes, et garnir l'intérieur des cartouches avec du vernis (en totalité, surtout pour les plus petits).
Protéger également le bord du chapeau et le pied.

3. Préparer environ 2 cuillères à café de bleu royal et procéder comme pour le vinaigrier aux bambous (voir p. 86-87). Putoiser. Arracher les vernis et effectuer une première cuisson à 830° C.

4. Préparer les couleurs de toutes les grandes fleurs : rouge égyptien, jaune, bleu, anémone, rose, pourpre et noir.
Peindre celles-ci en commençant par les petits cartouches situés dans les creux de la porcelaine, par précaution (se reporter aux pages correspondantes dans le livre).
Les papillons se font avec différents mélanges de ces teintes et du noir.

5. Préparer du vert et peindre les tiges. Effectuer une deuxième cuisson à 830° C.

6. Peindre les cailloutis avec le même bleu royal (ajouter de temps à autre une pointe de noir).

7. Border à l'or sans toucher le bleu et cuire à 840° C.

A B C D E F G H I J K L M
N O P Q R S T U V W X Y Z

3

Lettres, initiales et blasons

D'une manière générale, la peinture des lettres, des initiales et des blasons exige une grande rigueur d'exécution.
Mieux vaut donc ne pas personnaliser une pièce sur le recto avant d'avoir acquis une parfaite maîtrise du geste, que la gâcher par le tracé approximatif d'initiales…
Avant d'avoir mis à profit les exercices de cette leçon, il vous reste toujours la possibilité d'écrire au verso une dédicace et une date pour ajouter au plaisir du destinataire!

Lettres

Les exercices que vous n'avez pas manqué de faire pour peindre les tiges de vos fleurs vous ont déjà bien préparé à la réalisation de belles lettres.
Le geste : piquer le pinceau et le garder dressé pour les déliés; puis, le coucher peu à peu pour les pleins.
Exercez-vous à faire une succession de pleins et de déliés, orientés différemment, rectilignes ou courbes.

Réalisation

1. Préparer la ou les lettres initiales. On trouve des alphabets de toutes sortes en papeterie ou dans les livres, sans oublier tous les alphabets issus de votre imagination.
Presque toutes les fantaisies sont permises : remplacer un jambage par une fine guirlande de fleurs ou faire passer la première lettre en partie seulement sur la deuxième. Seules compteront l'élégance du résultat et la qualité de son exécution.
Vous pouvez également faire des lettres de couleurs différentes.

2. Pour débuter, après avoir relevé le modèle, effectuer un tracé préalable au crayon gras; faire la lettre en déliés pour pouvoir peindre plus spontanément les pleins.
Piquer le pinceau fin chargé avec la teinte choisie, tirer et écraser en suivant le tracé de base.

3. Pour enlacer des initiales, il est préférable de les dessiner séparément sur du papier calque. Il suffit ensuite de les déplacer en les faisant glisser l'une sur l'autre, jusqu'à ce que l'on obtienne un groupe harmonieux.

AC

GS

SG

SC

Exemples d'initiales enlacées

N'oubliez pas que vous devez rechercher le parallélisme des jambages (ceux-ci peuvent être décalés en hauteur comme en largeur) et l'équilibre entre pleins et déliés.

Blasons

La réalisation des armoiries doit être tout aussi précise ; elle requiert de surcroît les techniques déjà étudiées des réserves et du putois.
Si le modèle que vous désirez exécuter est en couleurs, vous n'éprouverez pas de difficultés particulières. S'il est reproduit en noir et blanc, vous trouverez ci-dessous la signification des termes essentiels employés pour décrire un blason, ainsi que les correspondances de couleurs.

L'écu est l'élément principal ; il convient de le sertir et de le putoiser en ménageant les réserves nécessaires.
Il est généralement surmonté d'un **heaume**, d'une **couronne ou d'autres attributs** et peut être accompagné sur les côtés de sujets appelés « **tenants** » (aigles, lions, cerfs, lévriers, etc.).
Les couleurs sont ainsi désignées :
Gueule = rouge ou hachures verticales.
Azur = bleu ou hachures horizontales.
Sable = noir ou hachures croisées.
Sinople = vert ou hachures en biais vers la gauche.
Or = jaune ou pointillés réguliers.
Argent = blanc.
Le blason peut aussi s'utiliser comme élément de décoration.

Réalisation

1. Relever sur calque le motif choisi et le reproduire au crayon gras sur la porcelaine.

2. Réserves. Pour ce blason d'Orléans, réserver au vernis les fleurs de lys, les 3 cœurs de fleurs ainsi que les bords extérieurs de l'écu.

3. Lorsque le vernis est sec, putoiser le rouge du fond et peindre le bleu au pinceau (pour ne pas abîmer le rouge).
Arracher le vernis et sécher au four.

4. Finitions. Peindre les fleurs jaunes et l'intérieur des cœurs.

Cendrier aux armes de la ville d'Orléans

Sur cette potiche, les écussons placés en collerette sont utilisés comme motif décoratif.

Peindre tout le motif en or. Chatironner en marron et recuire.

4

Peinture à l'or

L'emploi de l'or rehausse évidemment une pièce décorée. Il convient cependant de ne pas abuser de son emploi. Le résultat serait en effet contraire à l'effet recherché si le motif est « écrasé » par la richesse du métal précieux.
On l'utilise principalement pour faire des rebords ou des filets. Mais on peut également chatironner certaines fleurs en or, réaliser des feuilles ou simplement peindre des nervures.

Il existe deux qualités d'or : l'or mat et l'or brillant. Je ne vous parlerai pas longuement de ce dernier car il est employé en surabondance sur la plupart des articles réalisés par décalcomanies, articles qui, si on les regarde d'un peu plus près, manquent parfois de « chic »! Personnellement, je préfère un beau motif sans or que rehaussé d'or brillant, mais une très petite touche ne gâche tout de même pas une belle pièce. On notera que celui-ci est plus facile d'emploi (il existe même en crayons).

L'or mat est très coûteux. Son cours suit d'ailleurs celui de l'or. Il est donc nécessaire de prendre des précautions particulières pour l'utiliser.

Pour bien employer l'or mat, il est essentiel d'être très soigneux : vous aurez vite remarqué qu'il est facile de s'en mettre partout et qu'il est bien plus difficile de s'en défaire.
Ayez un pinceau réservé à l'or. Ainsi vous ne serez pas obligé de le nettoyer soigneusement après chaque usage.
Ayez également un très petit flacon contenant un ou deux « dés à coudre » de diluant. C'est dans ce flacon que vous rincerez votre pinceau après usage. L'or s'y déposera et ce mélange vous servira à rallonger votre or lorsqu'il aura épaissi et sera devenu visqueux, rendant son emploi impossible.
Rangez votre pinceau à l'écart des autres. Cherchez (dans votre pharmacie par exemple) une petite bouteille dont vous percerez le bouchon au diamètre du manche du pinceau. Enfermez la touffe de poils dans le flacon où il pourra garder quelque fraîcheur. Prenez garde cependant à n'accrocher aucun poil et à bien refaire la pointe. La fois suivante, vous roulerez la touffe sans difficulté à l'intérieur du « flacon de rinçage » pour assouplir les poils. Ne le trempez pas dans l'or sans l'avoir un peu essuyé.
Enfin, évitez de mettre de l'or sur la virole du pinceau ; il y en aurait vite sur vos doigts !

L'essence de mirbane est le diluant utilisé pour la peinture à l'or. Attention cependant, elle ne sert pas à effacer ou à enlever les taches d'or sur la porcelaine. Elle laisserait en effet des traces noires difficiles à ôter et qui, même imperceptibles, apparaîtraient en mauve après la cuisson. Il est donc préférable d'utiliser de l'alcool à brûler, y compris pour se nettoyer les mains. On peut aussi, éventuellement, utiliser un vieux pinceau pour effacer les traînées d'or.

L'or mat se présente en petits flacons contenant 5 grammes de dilution (généralement à 24 %).
Observez bien ce liquide : il est noir et le fond de la bouteille (1/4 environ) se révèle un peu plus clair – c'est l'or. Si vous secouez mal le flacon avant usage, vous n'utiliserez que le diluant.

Il faut donc prévoir de secouer votre bouteille cinq ou même dix minutes, jusqu'à ce que la trace brune du fond ait totalement disparu. La secouer également de temps à autre au cours du travail.

J'emploie une autre méthode plus rapide et que j'estime plus pratique.
Lorsque votre peinture or est parfaitement homogène, placez-en une partie sur une petite plaque de verre propre. Ainsi, il est plus facile de garnir votre pinceau en cours de travail, et plus facile de le remélanger grâce à la spatule.
Lorsque vous aurez fini, regroupez l'or et couvrez-le soigneusement avec un couvercle (veillez à ce que celui-ci ne le touche pas s'il est en plastique) que vous fixerez soigneusement avec un ruban adhésif. Quand vous aurez à nouveau besoin de ce matériel, il vous suffira de remélanger l'or de la plaque avec une spatule au lieu d'avoir à secouer longuement le flacon.

Lorsque l'on place l'or mat, il est noir et reste noir jusqu'à ce qu'il ait été cuit. Vous serez probablement déçu par cet aspect dur et trop contrasté, mais heureusement provisoire, qui rend plus difficile l'appréciation du résultat. On est plus heureux lorsqu'il sort du four !
L'or, même cuit à 840° C est fragile car il ne fond pas totalement dans l'émail de la porcelaine. Il supporte donc mal des lavages fréquents à l'eau très chaude, ni bien entendu l'usage du lave-vaisselle.

Transport des pièces et cuisson

Transport des pièces à cuire - Achat d'un four - Cuisson

Les décors, pour être définitivement fixés dans l'émail de la porcelaine, doivent subir une cuisson à une température variant de 680 à 960° C. Mais il est tout à fait possible de se mettre à peindre sans posséder le four adéquat.

Cette occupation artistique étant aujourd'hui de plus en plus répandue, on peut maintenant faire cuire à façon sans trop de problèmes.

Transport des pièces à cuire

Lorsque la peinture est fraîche, le transport des pièces est un vrai casse-tête car elles ne doivent rien toucher.
Il est donc conseillé de les sécher dans un four de cuisine. Faire chauffer celui-ci à la température maximale pendant une dizaine de minutes, l'éteindre, puis enfourner la porcelaine et fermer le four.
Attendre alors le refroidissement complet et ne sortir la pièce que lorsque l'on peut la saisir à la main (elle pourrait casser si vous la soumettez à un brusque changement de température).
Ainsi, le décor est beaucoup moins fragile et ne craint plus que les rayures (ne vous inquiétez pas si les couleurs ont changé de ton ; la cuisson définitive leur redonnera leur aspect initial et leur brillant).

Pour transporter les porcelaines séchées à cuire, couvrez-les ou, au besoin, enroulez-les dans du coton hydrophile (qui les protégera de toute rayure et ne colle pas à la peinture), puis enveloppez-les dans du papier journal en serrant bien chaque pièce dans un paquet individuel.
C'est là le meilleur moyen d'éviter tout accident regrettable. Vous pourrez, bien entendu, réutiliser le coton pour un prochain transport.

Achat d'un four

Ces fours étaient autrefois en briques réfractaires, donc lourds et encombrants, et ne possédaient pas toujours l'automatisme leur permettant de s'arrêter à la température voulue. Il existe maintenant des appareils petits (notamment de 30 ou de 60 litres), beaucoup moins encombrants, plus légers et parfaitement automatisés. Ils sont en revanche coûteux et des travaux d'amateur, même nombreux, ne permettent pas d'en amortir le prix.

L'auteur dans son atelier ; le four est en arrière-plan.

Cuisson

Si vous avez fait l'acquisition d'un four, reportez-vous au mode d'emploi joint à cet appareil. Sachez cependant que la cuisson dépend du matériau utilisé.

Porcelaine : le résultat est meilleur avec une montée rapide en température. J'ai cuit pendant des années dans un four de puissance 2 kW avec montée au réglage maximum jusqu'à 840° C, sans palier final.

Faïence : montée lente jusqu'à 350° C, et rapide jusqu'à 800° C.

Cadmium : certaines teintes ont une cuisson délicate. Ainsi les rouges, jaunes et orange au cadmium – sauf s'ils sont placés en épaisseur – deviennent grisâtres si on les cuit comme les autres couleurs. En couche très fine, il est indispensable de les enfourner en toute dernière cuisson et de ne porter la température qu'à 740° C. Personnellement, j'évite plutôt de les employer !

L'or se cuit en même temps que les autres teintes, sauf s'il est placé sur une couleur. Il faut alors procéder à la cuisson de la première couleur, placer l'or, et ne le faire cuire qu'à 740° C.

Quel que soit son degré de cuisson, l'or ressort terne du four : pour obtenir son brillant, frottez-le doucement avec un « gratte-bosse » (sorte de bâton composé de fibres de verre très serrées dans leur enveloppe de papier). Ces fibres se cassant au frottement, procédez donc soigneusement pour ne pas vous en mettre trop sur les doigts ; prenez également la précaution de nettoyer votre décor à l'alcool ou de laver votre objet pour le débarrasser de ces déchets de fibres.

L'or peut être cuit une seconde fois si vous constatez qu'il comporte quelques « manques », mais il est préférable de ne pas en abuser.

N.B. : le rouge-brun et le brun-jaune s'atténuent lors d'un usage prolongé.

Matériel : quelques références

Chaque marque a ses propres appellations et son propre nuancier.
Le tableau ci-dessous vous propose une sélection indicative de couleurs de base suivant quelques marques. Il y a beaucoup d'autres marques : Céradel, Catherine Bergoin par exemple. Et surtout, il existe une très grande variété de teintes.

MARQUES	BLEU	JAUNE	ROUGE	VERT
Schjerning	Outremer 13	Citron 3	Égyptien 24	Prairie 102
Schira	Bleuet	Citron	Rouge de fer	Vert olive
Ateliers Créatifs	Bleuet	Jaune de chrome	Capucine	Vert mousse
	NOIR	ROSE	POURPRE	VIOLET
Schjerning	Brun-noir 31	Pourpre de rose 17	Pourpre carmin 18	Violet 96
Schira	Noir	Pourpre rose	Pourpre de rubis	Violet de Parme
Ateliers Créatifs	Ébène	Rose tulipe	Pourpre riche	Violet d'or

Pinceaux

La gamme des pinceaux est elle aussi assez large : choisissez néanmoins des pinceaux de qualité, à la fois nerveux et pointus.
Notez qu'à grosseurs équivalentes, les numéros peuvent différer selon la marque et la série.
J'aime utiliser, pour la plupart de mes travaux, les n°s 3 et 4 série 6227 chez Isabey ou les n°s 1 et 2 série 8040 chez Raphaël.

Pour les filets, prendre un pinceau à sifflet. Plus il sera gros, plus sa capacité sera grande (par exemple le n° 44, série 6434 chez Raphaël).
Pour les bords, on peut utiliser indifféremment un pinceau ordinaire ou à sifflet.
Pour les filets bandes, la grosseur du pinceau dépend de la largeur prévue de la bande.

Pour en savoir plus

Un peu d'histoire - Musées

Un peu d'histoire

Les plus anciennes céramiques datent de 6 500 avant notre ère et proviennent de communautés préhistoriques établies en Asie Mineure. Les techniques vont progressivement s'affiner au cours des siècles et des civilisations, mais il faudra attendre le IXe siècle en Chine – sous la dynastie Tang – pour voir apparaître les premières pièces de porcelaine blanche. L'époque Yuan – fin du XIIIe et début du XIVe siècles – inaugure l'âge classique de la porcelaine chinoise où l'essentiel des techniques est découvert : corps blanc et translucide, décors peints sur et sous couverte, décors gravés, ajourés, en relief. Aux évolutions ultérieures vont correspondre des styles particuliers qui inspireront bon nombre de manufactures en Europe. On retiendra les « bleu et blanc », décors bleus de grand feu (dynastie Ming,

Dans la seconde moitié du XVIIIe siècle, on voit apparaître sur la porcelaine de Saxe les fleurs au naturel en semis ou en bouquets. Pour les distinguer des fleurs inspirées par l'Extrême-Orient, on les appelle Fleurs à l'allemande ou Fleurs d'Europe.

XIVe-XVIIe siècles), les décors polychromes « wucai » (cinq couleurs) apparus à la même époque, et les décors aux effets plus homogènes des « famille verte » et « famille rose » (XVIIe-XVIIIe siècles).
En Europe, les premières porcelaines dures se feront à Meissen, en Allemagne (XVIe siècle). Dès lors, toutes les grandes manufactures européennes – Meissen, Vienne, Rouen, Chantilly, Vincennes, Sèvres, Worcester, Zurich, Nyon… – vont, au fil des années, développer leur propre production de porcelaine, avec des techniques de plus en plus variées et des styles en perpétuelle évolution.

Musées

Pour avoir un aperçu plus parlant tant de la variété des techniques que des styles, n'hésitez pas à vous promener dans les musées parisiens ou dans les nombreux musées de province qui ont, pour la plupart, au moins une salle consacrée à l'art de la céramique. Ces visites seront riches d'enseignement et peut-être vous offriront-elles une source nouvelle d'inspiration…

Musée National de la Céramique, Sèvres.
Place de la Manufacture nationale,
92310 Sèvres.
Tél. : 01 41 14 04 23.

Musée Guimet, Paris.
45, rue Boissière, 75016 Paris.
Tél. : 01 45 05 00 98.

Musée de la Porcelaine Adrien Dubouché, Limoges.
8, place Winston-Churchill, 87000 Limoges.
Tél. : 05 55 33 08 55.

Musée Haviland, Limoges.
40, avenue du Président-Kennedy,
87000 Limoges.
Tél. : 05 55 30 26 23.

Musée de la Céramique, Rouen.
1, rue Faucon, 76000 Rouen.
Tél. : 02 35 07 31 74.

Faïenceries de Gien.
78, place des Victoires, 45500 Gien.
Tél. : 02 38 67 00 05.

Musée des Ivoires et des Faïences, Commercy.
7, avenue Carcano, 55200 Commercy.
Tél. : 03 29 92 04 77.

Porcelaines Philippe Deshoulières, Foëcy (pour la fabrication).
5, rue Louis-Grandjean, 18500 Foëcy.
Tél. : 02 48 52 60 60.

Musée du Palais des Rohan, Strasbourg (importante collection de faïences).
2, place du Château, 67000 Strasbourg.
Tél. : 03 88 52 50 00.

Musée des Arts décoratifs, Bordeaux.
39, rue Bouffard, 33000 Bordeaux.
Tél. : 05 56 00 72 50.

Musée des Arts décoratifs, Lyon.
34, rue de la Charité, 69002 Lyon.
Tél. : 04 78 38 42 00.

Musée de la Faïence, Marseille.
Château Pastré, 155 avenue Montredon,
13008 Marseille.
Tél. : 04 91 72 43 47.

Musée historique orléanais.
Hôtel Cabu, place de l'Abbé Desnoyers,
45000 Orléans.
Tél. : 02 38 79 21 55.

Musée national de céramique, Sèvres © Photo RMN - C. Jean

Blanchard (d'après Bienville), vase Stephanus, décor de fleurs et d'insectes (1893). L'apparition des décors « Art Nouveau », plus stylisés, marque une rupture avec les tendances paysagistes ou naturalistes des époques précédentes. Ils annoncent d'une certaine manière la tendance à l'abstraction des années 1940, qui va apporter un réel renouveau.

Glossaire

Biscuit (kaolin)
Pâte de porcelaine non émaillée, donc mate, qui n'a subi qu'une seule cuisson à 1230° C.

Bordures
Éléments décoratifs ajoutés pour mettre en valeur la forme, le motif et le style de la porcelaine peinte.

Camaïeu
Peinture pour laquelle on emploie une seule couleur. Les tons clairs sont obtenus par adjonction de térébenthine. Les camaïeux les plus fréquents sont les rose, bleu, brun châtain ou vert. La grisaille est un dégradé de noir.

Cartouche
Voir Réserve et cartouche.

Céladon
Désigne la teinte vert pâle. Nom donné à certaines porcelaines chinoises. On trouve des « céladons » vert ou bleu, selon l'oxyde entrant dans leur composition (cuivre ou cobalt).

Cercle diviseur
Pièce de carton – évidée ou non en son centre – divisée en repères numérotés. Il permet de peindre des motifs à intervalles réguliers.

Chatironner
Mettre en valeur un motif en soulignant légèrement certains de ses bords.

Couverte
Liquide à base de feldspath. Il devient transparent à la cuisson et rend le biscuit dur et brillant.

Éponge à putoiser
Éponge synthétique au grain très fin, utilisée pour les fonds ou décors réalisés par putoisage.

Essence grasse
À base de térébenthine, elle sert à fixer les couleurs sur l'émail.

Essence de lavande
(mais aussi de girofle ou d'aspic). Sert à retarder le séchage des peintures.

Essence de mirbane
(ou nitrobenzène). Liquide huileux utilisé comme diluant dans la préparation de la peinture à l'or.

Faïence
Pâte opaque à base d'argile, vernissée ou émaillée. Plus fragile que la porcelaine, on peut aussi la décorer.

Filet simple
Ligne fine et intérieure au bord de la pièce de porcelaine. Difficile à peindre à main levée, il nécessite la possession d'une tournette de décorateur.

Filet bande
Filet plus large, également appelé filet bord, pouvant être rectiligne ou circulaire.

Gratte-bosse
Bâtonnet composé de fibres de verre enserrées dans une enveloppe de papier, et servant à frotter le décor à l'or après cuisson pour lui donner son brillant.

Grisaille
Voir Camaïeu.

« Grosse goutte »
Coup de pinceau particulier employé ici dans la plupart des décors proposés. Le manche étant incliné de biais à 30° de la porcelaine posée sur la table de travail, tirer, écraser et relever le pinceau pour finir en pointe ; effectuer aussitôt une seconde touche similaire et chevauchant légèrement la première goutte afin de l'élargir.

Maigre (peinture)
Peinture préparée avec une quantité réduite d'essence grasse. Le mélange sèche plus vite et permet d'effectuer des touches qui ne se fondent pas (pour réaliser des plumes par exemple).

Peinture au sucre
Préparation à base de pigments de couleur en poudre où le sucre tient lieu de liant et de fixatif. Utilisée pour sertir des motifs, elle ne nécessite pas de cuisson intermédiaire, son diluant – l'eau – étant incompatible avec l'essence grasse, base de la peinture de remplissage.

Peinture grasse
Préparation à base de pigments de couleur en poudre où l'essence grasse tient lieu de liant et de fixatif.

Poncif
Papier ou calque piqueté selon un dessin que l'on reporte sur la porcelaine à l'aide de poudre de fusain. Technique utilisée pour des motifs répétitifs exigeant la régularité.

Putois
Putoiser consiste à étaler régulièrement une couleur déjà déposée au pinceau. Le putoisage est utilisé comme élément décoratif à part entière soit pour les fonds colorés – avec ou sans réserves –, soit – après sa cuisson à 830° C – par adjonction d'un décor.

Réserve et cartouche
Un cartouche est une surface blanche obtenue par protection de la porcelaine au moyen d'un vernis à réserver, avant le putoisage. Le cartouche est destiné à recevoir une inscription ou un ornement.

Serti au sucre
Technique facile à utiliser, où la plume remplace le plus souvent le pinceau, et permettant au débutant de réaliser très rapidement des modèles simples.

Térébenthine
Essence utilisée comme diluant pour préparer les couleurs et les rafraîchir en cours de travail ; elle sert aussi à nettoyer les pinceaux. Il existe une térébenthine inodore dite rectifiée.

Vernis à réserver
Liquide rouge sirupeux, soluble à l'eau (faire tremper le pinceau à plat pour le nettoyer). Il sert à créer des réserves ou à protéger un décor déjà cuit (par exemple pour peindre une feuille derrière une fleur).

Sur le même sujet, dans la collection
SAVOIR CRÉER

L. Harle et S. Willis
Décoration de la céramique

Colette Lamarque
Peinture sur porcelaine : techniques pour tous

Annick Perret
Décoration sur porcelaine

Moira Neal et Lynda Howarth
Peinture sur porcelaine

Pour les enfants, dans la collection
CRÉA-NEUF

Teresa Magria
Céramique décorée